おっさんの20代美女非誠実系ナンパ術

Waka 著

セルバ出版

はじめに

本書は、現在、おっさんと呼ばれる年齢（たぶん40代・50代）だが、若い美女が好みで、若い美女と付き合いたいと願っている方に向けて、書いた本です。

私は、48歳のときに婚約者に振られ、人生のドン底を味わってから、ナンパというものに出会いました。その後ナンパの師匠に出会ってから開眼し、今まで20代の若い美女を中心に１７０人もお持ち帰りしてきた人間です。

私は、決して、イケメンではありません。背も低いし、スペックは決して高くない、ただのおっさんです。そんなおっさんが、ナンパを始めたら、20代の若い美女を次々とお持ち帰りができるようになってしまったのです。

「そんなことはあり得ない。何かの間違いだ」と思うかもしれません。たぶん、今までの私ならばそう思ったでしょう。でも、現在の私はそれを現実だと認識できます。なぜなら、ナンパとはそれほどの威力のあるものだからです。

現在、私は、おっさん向けのナンパ塾の塾長をしています。塾生は、40代・50代のおっさんばかり。共通点といえば、私と同じく、20代の若い子が好きということです。そんなおっさんたちが、日々、街へ出てナンパ活動をし、20代の若い子をお持ち帰りしているのです。

嘘だと思ったら、私の塾を覗いてみてください。そんなスーパーおっさんたちがひしめいています。

もしも、いま、あなたが、若い美女が好きなのに、出会いがなく、付き合うこともできないと思っているのであれば、ぜひ、本書を手に取ってみてください。そのヒントが書かれているはずです。

逆に、若い可愛い子が好きではない方は、見ないでください。

おっさんで若い子が好きな方であれば、本書を読むことで、きっと人生が変わると思います。なぜなら、この方法で私の人生が劇的に変わったのであり、塾生の人生も着実に変わってきているからです。その解決策ともいえる方法を、本書で垣間見てください。

Waka

2021年1月

おっさんの20代美女非誠実系ナンパ術　目次

第3章 ナンパ総論

第4章　ナンパ準備編

第5章　ナンパ声かけの実際

第6章　「連れ出し」後からホテルまでの流れ

第7章　コロナ禍でのナンパについて

第8章　ナンパ塾の選び方

第9章　おっさんナンパ塾生の様子

第1章　50代おっさんナンパ講師ができるまで

1　非モテの医学部時代

モテたいために医学部へ進学

私は、地方出身で、子どもの頃から勉強だけはできました。進学した高校も、県内でも有名な進学校でした。

しかし、そんな私にも、大きな悩みがありました。「モテない」ということです。

私は生来、「コミュ障、ブサイク、背が低い」の三大非モテ要素を持っていました。当然、高校生時代にも女子には全くモテず、コンプレックスの塊のような人間でした。

そんな私が、「何とか女子にモテたい」と将来の進路に選んだのは、何と、「医学部」でした。世間では、モテる職業の筆頭といえば、「医者」的なイメージがありました。「医者になれば、きっと非モテから脱出できるだろう」という淡い期待のもと、医学部に進学しました。

医学部生になるも全くモテず

こうして、無事に医学部進学を果たします。

いよいよ、非モテ脱出かと思いきや、現実はそんなに甘いものではありませんでした。

一応、医学部生にはなったものの、他の大学生と大してモテ具合は変わりません。もともと、モテる素質のある医学部生は当然モテますが、私のような非モテコミットしている人間は、いくら医学部生とはいえ、全くモテなかったのです。

例えば、近くの短大生女子などと合コンをしても、付き合ったりできるのは、イケメンやコミュニケーション能力の高い医学部生ばかり。私は、そんな羨ましい光景を、遠くで指をくわえて見ているしかありませんでした。

手当たり次第告白するも玉砕の日々

それでも、何とか彼女がほしい私は、様々な機会を使って、交際の打診を試みます。そのほとんどは、「付き合ってください」と告白するスタイルでした。合コンで会った子はもちろん、サークルやバイト先で会った子などにも次々と告白していきます。

当時、恋愛ドラマにはまっていた私は、「告白」こそが交際に必要な儀式と思い込んでいました。そして、気になった人にあたりかまわず告白していったのです。しかし、その成果は惨憺たるものでした。告白すれども、ＯＫの返事をくれる女子は１人もいません。告白しては、次々と玉砕していきました。

ついには、友人たちから、賭けの対象にされる始末。賭けといっても、私の成功に賭けてくれる人はほとんどいませんでした。こうして、友人からも、「玉砕男」というあだ名をもらうまでになっていました。

2　予備校講師になるも全くモテず

医学部生時代から予備校でアルバイト

医学部生時代に、私は、ある予備校で講師としてアルバイトをしていました。多くの生徒たちをまえに、講義をするバイトでした。なぜこのアルバイトをしたのかというと、時給がよいことに加えて、「人前で話す仕事である」ということでした。

コミュニケーション能力に大きな劣等感を持っていた私は、人前で話す仕事をすることにより、それが克服できるのではないかと考えたのでした。

医師の道を捨て予備校講師に

予備校でのアルバイトは、とても楽しいものでした。自分の言った冗談に、生徒が大ウケすることもあり、その快感に酔っていました。そんな中、予備校内で、講師の人気投票がありました。その投票の結果は、専任講師を尻目に、なんとアルバイト講師の私が1位を取ってしまったのでした。「予備校講師は私の天職かもしれない」と思うようになりました。

そして、いよいよ将来の進路を決める時期になったとき、私は、「医者よりも予備校講師になろう」と勝手に決めてしまったのでした。理由は、このまま予備校講師を続けていれば、コミュニケーション能力もつき、きっと女性にもモテるようになるだろうということでした。そして、周囲の反対を押し切って、医師になることを捨て、予備校講師として就職しました。

予備校講師になるも全くモテず

しかし、さらに厳しい現実が襲い掛かります。人前で話すことは、ある一定の話す能力はつきますが、これは実はモテるために必要な能力とは違っていたのでした。このことに気がつくのは、予備校講師になってから数年してからでした。

きっかけは、同じ予備校講師で、私よりも明らかに講義での話し方が下手なのに、女子にはモテまくっていた講師がいたのです。彼は、人前で話すことは私ほど上手くなくても、一対一で女子と対峙したときに、会話を盛り上げる能力に長けていたのでした。

つまり、人前で話す能力と、女子にモテるために必要なコミュニケーション能力とは別であるということです。

このことに私は、もっと早く気づくべきでした。そうしたら、予備校講師ではなく、医師になっていたかもしれません（笑）。

よく、人前で話す仕事をしている人がいますが、その方々が一対一の会話も上手いかというと、必ずしもそうではないでしょう。私がまさにそのタイプで、人前ではうまく話せるのに、いざ一対一になると、しどろもどろになってしまうのです。

3　20代の婚約者に振られ人生のどん底を味わう

40代後半で20代の彼女ができる

そんな私も、玉砕を繰り返しているうちに、彼女ができました。やはり、告白も数を打てばいつかは当たるものです。こうして、3人ほどの女性と交際することができました。

そして、40代のときに、今までで最も長く交際した彼女ができます。当時私は40代後半、彼女は20代でした。こんな非モテの私にも、20代の彼女ができ、しかも結婚を約束するまでになったことは、大変な収穫であり、まさに人生の絶頂ともいうべき時期だったかもしれません。

48歳で20代の婚約者に振られる

こうして、20代の彼女とは数年の交際を経て、いよいよ結婚へと話が進んでいきます。互いの両親へのあいさつも終え、結婚まで秒読みといった状態でした。

そんなとき、ある些細な喧嘩がきっかけで、どんどんと2人の関係は悪化していきます。私が素直に謝れば済む話を、つまらないプライドが邪魔をして歩み寄ることを怠ったため、ついに彼女は結婚を前にして、婚約破棄を切り出したのです。

48歳にして、婚約者に振られた私は、途方に暮れ、以後の人生への希望を失ってしまったのでした。

出会いを求めて活動するも成果に見放される

いったんは失恋のショックで仕事も手につかないほどでした。しばらくして、失恋の傷も癒え、再び頑張ろうと、出会いを求めて動き出しました。

まず参加したのは、「婚活パーティー」です。48歳の私は、いくつかのパーティーに出席しました。ここで大きな壁が立ちはだかります。男性が40代後半の場合、相手の女性として企画側が用意するのは、40代前半、せいぜい30代後半です。当時の私は、性懲りもなく、20代の女性を狙っていました。

しかし、パーティーで充てがわれるのは全然違う年齢の女性。20代の女性と出会いたいなどとクレームをつけようものなら、完全に変態扱いされてしまうのでした。

次に挑戦したのは、「マッチングアプリ」です。これはインターネットの出会いとして、大変広く普及しているものです。これならば20代女性もいけるだろうと、大きな期待を持って始めました。

ここでも私は挫折してしまいます。マッチングアプリは、そもそも相手の女性と「マッチング」しない限り、メッセージのやりとりさえできません。

ところが、このマッチングができないのです。自分が48歳という年齢の場合、マッチングできるのは、やはり30代後半以上。どう頑張っても30代前半が限界なのでした。ここでも、年齢の壁は存在したのです。

4　20代女性との出会いを求めナンパを始める

ついに人生初ナンパを開始する

マッチングアプリやパーティーで、何とか出会いの場をつくろうと努力したのですが、私の希望である20代の女子とは出会うことができず、鬱々とした毎日を送っていました。

そんなある日、街を歩いているとき、ふと思いました。そのときは、街には若い女子が何人も歩いていました。しかし、この若い女子と出会う機会がない。どうしたものか……。

「そうだ、この女の子たちに、直接自分で声をかければよいのではないか？」

街で歩いている女性に声をかける行為、それを世の中では「ナンパ」と呼んでいる。そのナンパを自分もやればよいのではないか？

しかし、生まれて今までの48年間、私はこのナンパというものを一度も行ったことがありません。自分にとっては一生無縁な行動だと思って生きてきました。そんな私が、婚約者に振られたのをきっかけに、現実的な行動として考えるようになったのでした。

それ以来、私はインターネットの書き込みや動画、ナンパ商材などを調べ始めます。今まで関心がなかったので全く気がつきませんでしたが、世の中には意外にもナンパについての情報が多くあることも、このときわかったのでした。

こうして、ナンパについての教材などを参考にして、いよいよ地方都市の駅前で、私は人生初めてのナンパを行ったのでした。

そのときの声掛けのセリフはたしかこんな感じでした。

「こんにちは。さっきすれ違ってタイプだったので声かけました。これからどこに行くのですか?」

こんなセリフで話しかけ、話が盛り上がったら、カフェに連れ出したり、番号交換をしたりという流れでした。このナンパ方法は、今でも、「誠実系ナンパ」として広く知られています。

ある日、顔バレされていることが判明しナンパを休止

地方都市では、こんなベタなナンパでも、意外に話をしてくれる女の子は多くいました。気をよくした私は、ほぼ毎日、駅前の路上に立って、通りゆく女子に声をかけるようになったのでした。

今思えば、私が最初にナンパを始めたのが、地方都市であったことが恵まれていたと思います。もし東京などの大都会で始めていたら、無視や冷たい反応ばかりで、心が折れてしまったと思います。

こうして、連れ出しができるようになってきて、いよいよ、その先のゲット。つまり、お持ち帰りを狙っていく段階になったとき、ある事件が起こりました。

その日も、いつものように街で声をかけていたのですが、ある女子がこう答えたのです。

「おじさん、いつも駅前で女の子に声をかけている人ですよね。街中で有名になってますよ」

この言葉を聞いたとき、一気に血の気が引きました。あまりのショックで、絶句したと思います。思えば、私が声掛けをしている地方都市は、私のようにナンパをしている人間など、1人もいませんでした。そのことが、目立つ行為として、街の人には映ってしまったのです。

この日を境に、私は街に出るのが怖くなってしまいました。「街じゅうの女子たちが、私がナンパ師であることを知っているんだ」と勝手に思い込むようになり、行動ができなくなってしまったのです。

こうして、せっかく順調かと思われた私のナンパは、あっけなく幕を閉じてしまったのでした。

仕事の転勤でついに上京

せっかく始めたナンパも、顔バレして終わってしまったと思っていた矢先、なんと勤務していた予備校から、こんな話をいただきます。

「実は、東京にある系列校で、講師を募集しているので、行ってみないか?」

本来であれば、私は東京へ転勤など、辞退したと思います。

しかし、このときの私は「喜んで行かせていただきます」と二つ返事で承諾しました。

地元で顔バレして終了してしまったナンパを、東京でまた始めたいと思ったのです。

翌月には地元を引き払い、東京に住所を移しました。

こうして、ついに私は憧れの東京でナンパを再開することができたのでした。

東京での初ナンパは10人全員無視

上京を果たした私は、東京でのナンパに挑戦します。最初にナンパ場所に選んだのは、池袋でした。まず、感じたのは、東京の若い美女の多さでした。東京は、人は多いことはわかっていましたが、何よりも若い可愛い子が圧倒的に多い。これには、私もテンションが上がりました。

そして、地方でやったのと同じ方法で、声をかけていきました。しかし、相手はピクリとも反応してくれませんでした。

「さすが東京、いきなりガンシカ（無視）か」

私は気を取り直して、次の子に声をかけます。すると、またガンシカでした。

「いやいや、いつかは反応してくれる子が現れるだろう」と思って、声をかけていきました。

結果は、10人声をかけて、10人すべてガンシカ。惨憺たる結果でした。

地方と東京の差を、改めて実感したのでした。今まで、自分がいかにぬるま湯の環境で声かけをしていたのか、理解できました。

5　ナンパ塾を転々とし、ついにナンパの師匠と出会う

挫折を避けるためある大手ナンパ塾であるR塾に入る

上京しての初ナンパは、全員ガンシカという惨憺たる結果。その後も、渋谷や新宿でナンパを試

みるも、すべて似たような結果でした。まるで会話にならないのです。

ナンパは、相手と会話が成立しなければ、その先へは行けません。こんな無視ばかりのナンパをしていても、いずれは挫折してしまうのは、明らかでした。

そこで、対策を考えます。

「東京と言えば、いわゆるナンパ塾があるはずだ。そこなら、反応を取る方法も教えてもらえるし、一緒にナンパをする仲間もできるだろう」

私はインターネットで東京にあるナンパ塾を調べ始めました。目に留まったのは、R塾という大手ナンパ塾でした。R塾は、ナンパ教材も出しており、さらに講習生のブログも用意してあり、どんな成果を出しているのか、よくわかります。そのブログを見て、「ここにしよう」と決めました。

R塾は東京の新宿に拠点を持ち、特徴的なナンパをしていました。特に驚いたのは、全員がウイッグを被ってナンパをしていることです。狙うターゲットは、キャバ嬢などのお水系女子でした。

R塾でナンパでの人生初ゲットを果たす

R塾の塾長は、大変なカリスマ性を持つ方で、腕も確かでした。塾生の成果は素晴らしく、私が知っている限り、これほど塾生が成果を出している塾はありませんでした。

ついに私はR塾へ入り、徹底してナンパのノウハウを叩き込みました。同僚と合流を重ね、週末には都内でナンパをしました。塾へのコミットをしていった結果、5人ほどの女子をゲット（お持ち帰り）することができたのでした。

それまで、連れ出しはできてもゲットができなかった私は、このゲットという成果を手にすることができただけでも、大変な感動でした。しかも大都会東京でのゲットです。

ただ、私には不満がありました。ゲットした女性が私の好みではなかったことです。もともと私は、キャバ嬢などのお水系女子が好きではありませんでした。

私が好きなのは、ズバリ、清楚系女子でした。せっかくナンパを始めたからには、好みである清楚系女子をゲットしなければ意味がないと思っていました。しかし、このR塾の方法は、お水系女子に特化した方法であり、清楚系女子にはあまり効果がない方法なのでした。

誠実系ナンパ塾に入り大きな挫折を味わう

こうして悩んだ結果、私はR塾を去ることにします。「今後、いくらお水系女子をゲットしても、私の満足感は低いままだ」、「入るなら、清楚系女子をターゲットにしているナンパ塾に入りたい」と思ったのです。

そこで再びナンパ塾を調べ始め、ある清楚系女子をターゲットにしているナンパ塾にたどり着きました。その塾は、ＲＫ塾といいました。

ＲＫ塾は、銀座を拠点とするナンパ塾でした。「誠実系ナンパ」という方法で、色恋を入れてナンパをしていきます。私と同年代のおっさんも多く在籍していたことも魅力でした。

こうしてＲＫ塾へと移った私は、今度は銀座を拠点として活動するようになりました。しかし、この塾で、私は大きな挫折を味わうことになります。

ＲＫ塾は、誠実系ナンパの塾でした。しかし、この方法には、大きな欠点がありました。「連れ出しはできてもゲットができない」ということです。

色恋を入れているので、相手を褒めたりして会話すれば、カフェや居酒屋までの「連れ出し」はできます。実際、ＲＫ塾に在籍している1年間、私は１００人近くの女子を連れ出していました。ところが、肝心のゲットができないのです。

今思えば、誠実系ナンパはなぜゲットができないのか、よくわかります。ざっくり言うと、誠実系ナンパは、おっさんがやると気持ち悪いナンパなのです。

でも、この時期は、誠実系ナンパそのものに原因があるとは思いませんでした。自分の努力が足りないのだと思い込み、ひたすらナンパしていったのです。そして、成果はさっぱりでした。

同僚の塾生たちが次々と離婚

しかも、私にとって大きな事件が起こります。このＲＫ塾は、私のように全然ゲットできない人がいる一方、成果を出している人もいました。その方々に共通しているのは、「スペックが高い」ことでした。

成果を出している人たちは、一様に、一流会社に勤務しており、収入が高く、おまけにイケメンであったのです。実は、誠実系ナンパは、スペックの高さに成果が比例するナンパだったのでした。

成果を出しているスペックの高い塾生には、既婚者もいました。ところが、私と仲がよかった既婚者の塾生が、ある日突然離婚したのです。

その塾生は、スペックが高く、成果を出していました。既婚者でありながら、既存女性を抱えていました。彼もその女性に惚れているのがよくわかりました。そんな矢先、いきなり離婚となってしまったのです。

そのいきさつはこうでした。彼の妻は、夫に浮気を問い詰めたのはなく、いきなり探偵を入れ、素行調査をさせたのでした。浮気が確認されると、証拠写真を揃え、弁護士を立てて離婚調停に持ち込んだというのです。

この展開に、彼はなすすべもありませんでした。

それまでナンパで成果を謳歌していた塾生が、いきなり奈落の底に突き落とされたのでした。彼は、この離婚を機に、すっかり元気がなくなってしまいました。

さらに、事態はこれで終わりませんでした。同じような既婚者で成果を出した塾生が、次々と離婚し始めたのです。こうして、このＲＫ塾は、周囲から「離婚塾」と呼ばれるようになっていました。

カリスマナンパ師Ｓ氏との出会い

私の好みである清楚系女子と付き合うために入った誠実系ナンパのＲＫ塾でしたが、成果は惨憺たるものでした。私は、途方に暮れました。

そんなとき、RK塾の塾生で、ひとり、大変な成果を出している人がいました。彼は、大したスペックでもないのに、塾長よりもはるかに成果を出していたのです。私は、どんな方法でナンパをしているのかと、彼に聞きました。すると、こんな答えが返ってきたのです。

「実は最近、S氏というナンパ講師に教えてもらったら、成果が出るようになった」。

この言葉を聞き、私もS氏に会ってみたいと思うようになりました。ちょうどそのタイミングで、S氏がセミナーを開くというので、早速参加しました。そして、そのセミナーに出席した私は、大変な衝撃を受けました。

S氏のやっているナンパは、なんと当時私がやっていた誠実系ナンパとはまるで逆の方法だったのです。彼が、「この行動は成果を出すためにはNGです」とコメントしていた行動を、私は何の疑問もなくやらかしていたのでした。これこそが、私が、「非誠実系ナンパ」と出会った瞬間だったのです。

当時、私は50歳でしたが、S氏は私の半分ほどの若い歳でした。そんな彼がお持ち帰りした女子は、なんと500人。まさに化け物でした。しかも、その500人の中には、モデルや芸能人などのいわゆる「S級美女」と呼ばれる女子が多数いたのです。

それ以来私はS氏の教えを受けながら、誠実系ナンパから非誠実系ナンパへと転向し、50代のおっさんでありながら、次々と若い美女をお持ち帰りできるようになっていったのです。

第2章　なぜおっさんは「非誠実系ナンパ」一択なのか

1　おっさんはパーティーもマッチングアプリも厳しい

おっさんがパーティーに出ると

若い美女と付き合いたいおっさんがいたとしましょう。

そのとき、まずパーティーという場を出会いの場として考える人は多いと思います。私もかつて出会いの場として、パーティーを選びました。いくつかの業者で開催されているパーティーに、片っ端から申し込み、出会いの場をつくっていきました。

しかし、私のようなアラフィフのおっさんが申し込みをすると、主催者側は勝手に相手女性の年齢設定を40代とかにしてきます。まるでそれが当然かのように、勝手に設定されるのです。私にとっては大きなお世話でしかないのですが、それが現実なのです。

また、例えばパーティーに出席したとしましょう。パーティー会場に美女と呼ばれる女性が来ると、その美女には多くの男性が群がります。美女と何とかして会話しようと、男性が順番待ち状態で待機しているのです。こうした、いわゆる「レッドオーシャン」な場所がパーティーでもあるのです。

相手年齢の設定や、レッドオーシャンに辟易し、わたしは徐々にパーティーから距離を置くようになりました。

おっさんがマッチングアプリに登録すると

マッチングアプリは、結婚相談所に代わる男女の出会いの場として、広く浸透しています。ここから交際して、結婚に至っているカップルは、大変な数にのぼります。

例えば、若い美女が好きなおっさんが、マッチングアプリに登録したとしましょう。登録したばかりの頃は、若い美女が多く登録していることに、テンションが上がるかもしれません。しかし、実際に登録してみると、現実がわかってきます。

そもそも、若い美女は、アプリでも大変な人気です。人気度を表すといわれている「いいね」の数が、１０００件以上もある若い美女もいます。そんな人気の子に、我々おっさんが、いいねを押したとしましょう。しかし、ほとんどの場合、このような人気の子とはマッチングしません。マッチングしなければ、メッセージのやりとりもできませんから、当然、会うこともできません。

このように、マッチングアプリもパーティーと同じく、若い美女はレッドオーシャンであり、会うことすら至難の業なのです。

2　今流行りのパパ活も所詮はビジネス

現在は空前のパパ活ブーム

数年前から、世の中は空前のパパ活ブームを迎えています。

パパ活とは、若い女性が、年の離れた男性とともに過ごす代わりに、対価としてお金をもらう活動です。女性は、効率よくお金が入るツールとして、また、おっさんは普段なかなか出会うことができない若い女性と出会えるツールとして、大変な需要があります。

パパ活は、様々な仲介サービスがありますが、最も人気が高いのが、いわゆる「パパ活アプリ」です。インターネットの出会いで、パパ活をやっていくものです。これは、誰でも気軽に登録でき、早ければ登録したその日にお互いが出会うことも可能です。

パパ活アプリでおっさんが若い女子と出会うには

我々おっさんが、若い女子とパパ活で出会うにはどうすればよいのでしょう？　それには、まず、パパ活アプリあるいは交際クラブ等に登録することから始まります。ここでは、広く普及している、パパ活アプリでの出会い方について触れてみようと思います。

まず、パパ活アプリに登録します。パパ活アプリの特徴は、なんといっても既婚者でも登録可能だということです。適当な子がいたら、いいねを送り、相手もいいねを返せば、マッチングとなり、互いにメッセージが可能になります。このあたりは、マッチングアプリと同じです。

実際のパパ活での進め方

パパ活アプリで、マッチングし、互いにメッセージを交換したあとは、顔合わせの約束をします。

顔合わせは普通、カフェ等でお茶か食事で会います。このとき、顔合わせのための手当として、お金が発生します。相場では、５０００円から1万円くらいです。初回からお金が発生するのが普通です。ここで以後の会い方は２つに分かれていきます。

１つは今後もお茶や食事のみを続ける会い方。本音を言えば、女子はこの会い方を望んでいる子が多いはずです。お茶や食事で、効率よくお金が稼げれば、こんなに美味しい話はありません。

ただ、この会い方は、手当の金額が低いのが特徴です。初回で発生した５０００円から1万円が今後も継続する形になります。小遣い稼ぎにはよいかもしれませんが、まとまったお金がほしい場合は、かなり物足りない金額となってしまいます。それでも、肉体関係を絶対に避けたいと思っている女子は多く、この場合、金額とのバランスを迫られることになります。

もう1つは、いわゆる肉体関係（大人という）に発展していく会い方です。愛人関係、援助交際的な関係で会うことになります。ほとんどの男性は、こちらの会い方を望んでいます。女子側がこれに同意した場合、安定した関係が築かれることになります。

女子は性病などのリスクを避けるため、パパを1人に絞る場合が多いようです。その代わり、１回あたりの手当は、お茶や食事よりも圧倒的に高くなります。１回あたりの相場は、３万円から5万円と言われています。さらに、関係が安定すると、都度払い（1回あたりで手当を払うこと）から月払い（毎月一定額の手当を払うこと）に移行する場合もあるそうです。こうなると、いよいよ愛人関係と言ってもよいかもしれません。

それでもパパ活で満足するしかないおっさん

この話をすると、顔合わせから愛人関係になるのが、パパ側としての順当な成り行きかもしれません。お金をもらう立場と言っても、女子は男性を選ぶ権利があります。お金をもらっても、この男性とは交際したくないという場合は多く、男性側も選ばれる立場になることも多いです。さらに、芸能関係などの子が紛れ込んでいる場合も多く、その場合は、通常の相場よりもはるかに高い金額での条件を提示してくる場合も多いです。

関係が進んだら、いずれは恋愛関係のようになり、お金なしでも会えるようになりたいと考える男性は多いようです。しかし、それはほとんどの場合、実現されません。最初にお金が介在してしまうと、永久的にお金だけの関係になってしまうものだからです。

3　おっさんが若い美女と出会うならナンパ一択

パパ活も所詮はビジネス

パーティーもマッチングアプリも、おっさんが若い美女と出会う場所としては厳しいことをお伝えしました。では、おっさんは、若い美女と出会うことは無理なのでしょうか?

いま流行りの「パパ活」と呼ばれるツールもあります。これは、確かに若い美女と出会うことができますが、決定的なのは、「お金がかかる」ことです。

つまり、相手の子は、お金と引き換えに会ってくれるのであり、決して自分に好意を持って会うのではありません。所詮はビジネスだということです。

ナンパは街で声をかけるだけ

では、おっさんが若い美女と出会うことは不可能なのでしょうか？

例えば、あなたが街に出たとしましょう。街にはあなたが付き合ってみたい若い美女で溢れています。たまたま、あなたの恋愛市場に若い美女がいないだけで、世の中には若い美女は溢れているのです。「この美女たちと会うことはできないのだろうか？」と思うのは自然なことだと思います。

実は、おっさんが若い美女と出会うことは、不可能ではないのです。

パーティーとはアプリとかの中だけで探しているから、出会えない。しかし、目の前に歩いている若い美女に、直接声をかけたらどうでしょう？

この瞬間から、おっさんと若い美女の出会いが始まるのです。つまり、街で声をかけるだけで、おっさんと若い美女は、無限に出会うことができるのです。

ナンパならばどんな方法でもよいわけではない

では、街で声をかけるナンパはどんな方法でもよいのでしょうか？　実はそうではないです。

もしも、自分が20代の若者であれば、ある意味、どんな種類のナンパでも成果は出ます。これは、若者の特権と言ってもよいかもしれません。

しかし、我々おっさんはそうではありません。いい歳をしたおっさんが、若い子に色恋を入れて口説くのは非常に気持ち悪い行動に映ります。さらに色恋を入れていくと、可愛い子になればなるほど、こちらの立ち位置が下がり、お持ち帰りなどの成果が出なくなるのです。

4　おっさんが若い美女をお持ち帰るなら非誠実系ナンパ

非誠実系ナンパとは

では、我々おっさんが、若い美女をナンパしてお持ち帰りする方法って、どんな方法でしょうか？

それは、ズバリ、「色恋を入れない」方法です。そんなことができるのかというと、可能であるばかりか、おっさんが若い可愛い子をお持ち帰るなら、この方法一択と言ってもよいのです。

その色恋を入れない方法を、誠実系ナンパに対して、「非誠実系ナンパ」といいます。この方法こそが、おっさんが20代の若い美女をお持ち帰るのに、最も適した方法なのです。

非誠実系ナンパは、色恋を入れないだけではありません。ナンパでの成果を阻んでいる様々な要因を排除し、心理学の知見を用いて、相手の女子の感情を揺さぶり、お持ち帰りに導くのです。

こうした、極めて計算された方法によってこそ、我々おっさんが、若い美女をナンパでお持ち帰ることができるといえるのです。

第3章　ナンパ総論

1　地蔵（声をかけられない症候群）について

地蔵とは

ナンパ用語、「地蔵」という有名な言葉があります。これは、街に出ても、声をかけられない症状のことを呼ぶ言い方です。声をかけられず、固まってしまっている様子を、お地蔵さんに例えたものと思われます。

私もナンパを始めた頃は、街に出ても全然声をかけられず、そのまま何時間も徘徊した記憶があります。地蔵は、ナンパを志したことがある方であれば、必ず経験することだと思います。

この地蔵は、脱出するのが大変難しいです。トークはうまくても、最初の声をかけるところまでができないおかげで、結局ナンパから足が遠のき、ナンパを挫折してしまう人が多いです。つまり、ナンパ挫折の最大の原因が、この地蔵だということができます。

地蔵の原因とは

では、なぜ地蔵になるのでしょうか？　それにはいくつか原因があります。

1つ目は、周囲の目が気になってしまうということです。これは、誰でも思い当たりますね。街で声をかけるなどという、大それたことはきっと目立ってしまうに違いない。そんな姿を見られたら恥さらしになるのではないか。あるいは誰か知り合いに見られたらどうしようなどと、勝手に心配が増幅してしまいます。

でも、実は、街を歩いている人たちは、周囲の人に意外に関心がないのが普通です。自分で心配するほど、周りの人は自分を注目していないのです。

私がこの世界に入って驚いたことは、自分で実際にナンパをするようになって初めて、同業者、つまり、ナンパやキャッチの存在がよくわかるようになったということです。普段ナンパをしていない人は、ナンパやキャッチの姿など、ほとんど目に入っていないのが実際のところなのです。

２つ目は、そもそも声をかけるといっても、何を話してよいのかわからず、色々と考えているうちに、地蔵になってしまうケースです。いきなり何と言って声かけしたらよいかは、確かに悩むところです。

でも、こうした悩みは、自分の中に「テンプレ」を用意することで解決できます。いつも決まったセリフで声かけをすることに決めてしまえばよいのです。

幸い、当ナンパ塾では、「声かけテンプレ」を用意してあり、いつも塾生はこのテンプレで声をかければよいので、悩む必要がありません。

地蔵克服の極意とは

ナンパにおける地蔵克服は、ナンパを始める時点での最大の難関と言ってもよいかと思います。

本格的にナンパを始めるのであれば、何と言っても克服したいところです。

では、地蔵克服のためには、どんな方法があるのでしょうか？

1つ目は、合流です。地蔵は、自分1人で声かけをするときに、よく起こります。このとき誰かが一緒にナンパをしてくれていれば、躊躇なく声かけをすることができる人は圧倒的に多いです。だから、ナンパは仲間を持てと言われるのです。事実私も、ナンパを始めたての頃は、自分ではなかなか声かけできないので、仲間と合流して活動し、克服していきました。

もしも、いま自分に合流相手がいない場合は、合流相手を募ることも考えましょう。例えば、ツイッターとかでは合流要請が頻繁に行われています。もちろん、どこかのナンパコミュニティーに入ることも有効だと思います。

2つ目は、「道聞き」で声かけをするということです。いきなりナンパで声をかけるのはハードルが高いですが、人に道を聞くのであれば、大丈夫という人は多いです。なので、最初の数人は、道聞きで声をかけておいて、慣れてきたら、本来のナンパでの声かけにしていく流れがよいと思います。実際、私も、道聞きは地蔵克服のためによくやりました。

3つ目は、いわゆる「酔拳」という方法です。これは、アルコールが弱い人は厳しいのですが、声かけ前に、軽くアルコールを飲みます。

アルコールは、緊張を緩和する作用がありますので、普段は声かけできない人でも、これで声かけができたという人は多いです。私もアルコールは強くないのですが、最初の頃は、軽くアルコールをあおってナンパしていました。

そして最後は、当塾で教えているＮＬＰを用いた方法です。ＮＬＰの手法の中に、「アンカリング」という方法があります。これは過去の成功体験を想起させるポーズをとることによって、一時的にセルフイメージを高め、自分の壁を突破する方法です。

よくスポーツ選手などが、ルーティンとしてポーズをとっていたりするのも、このアンカリングです。スポーツ界では、イメージ療法として早くからＮＬＰが取り入れられており、今後日本でも普及が進むものと思われます。

２　人生の満足度はほぼ異性での満足度で決まる

対照的な２人の例

私の知り合いで、ものすごい高収入の方がいます。彼は、経営者で年収1億円を超えており、まさにセレブな生活を送っています。

一般の方からみると、羨ましい限りですが、彼には実は大きな悩みがありました。それは、「意中の女性と付き合えない」ということでした。つまり、大変な高収入にも関わらず、女性関係においては、満足していなかったのです。

彼は稼いだお金を、風俗等に使っていました。たしかにお金はありますから、いくらでも女性を買うことはできます。しかし、所詮はお金でつながっている関係です。彼に気持ちがあるわけではありません。いくら女性をお金で買える身分でも、彼は大きな不満の中にいたのです。

一方、彼とは対照的な人がいました。その彼は、収入は大したことはありません。生活も質素なものです。

でも、彼はナンパをしており、いくらでも若くて可愛い子をお持ち帰りできる実力を持っていました。彼には10人以上のセフレがおり、ひっきりなしにそのセフレから「今度いつ会えるの？」と連絡が入ってきていました。

彼は、決して裕福ではなく、むしろ貧乏に近い部類かもしれません。しかし、彼の表情はいつも生き生きとしており、いかに人生に満足しているかがよくわかりました。

収入が高い人が本当に望んでいることとは

この2人の例を見て、どう思いましたか？　前者は、裕福だが女性に困っている。後者は貧乏だが女性には困っていない。いったい、どちらが人生の満足度が高いのでしょう？　これは、言わずと知れて、後者の貧乏だが女性に困っていないほうです。

では、なぜ、収入における満足度よりも、女性における満足度のほうが上なのでしょう？

実は、収入が高いということは、それだけでは人間を満足させてくれないのです。もしも、彼が収入が高いことに加えて、女性にモテたなら、満足度が高いはずです。実は、収入の高さ自体は、人生の目的にはなり得ません。

多くの高収入者たちは、高収入によって、「女性にモテたい」と思っているのです。お金をたくさん持っていれば、女性にモテるだろうと期待しているのです。むしろ、女性にモテたいから頑張って収入を増やしたと言えなくもありません。

つまり、高収入の目的は、女性にモテることなのです。だから、高収入なのに女性にモテなければ、何のために高収入になったのかわからないくらい、空しい気持ちになるのです。

貧乏でもモテる人は満足度が高い

一方、貧乏な彼のほうは、高収入の彼が実現したかったことを、既に実現してしまっています。

高収入の彼が、お金がないと女性にモテないと思っていたにもかかわらず、お金なしで女性にモテてしまっていたのです。彼の女性へのモテ具合は、1億円の収入以上の価値があったといえましょう。

そのくらい、女性関係での満足度は、人生そのものの満足度を決めるのです。年収1億円の彼は、女に困らない貧乏人の彼のことが、羨ましくて仕方がないに違いありません。

我々、人間は、所詮は生物です。生物のオスは、自分の全人生を賭けて、意中のメスの獲得に走ります。我々の遺伝子は意中のメスを手に入れたときに、最高の満足度が得られるようにプログラムされているのです。

3　セルフイメージとＮＬＰ

セルフイメージとは

いきなりですが、「セルフイメージ」という言葉を聞いたことがありますか？　これは心理学の言葉なのですが、根拠のない自信ともいいます。

人は誰でも、自信があるとしても、何らかの根拠がある自信がほとんどです。例えば、収入が高い、地位が高い、ルックスがよいなどです。このような根拠があれば、誰でも自信を持つことはできると思います。

しかし、セルフイメージは、そうでなく、根拠のない自信なのです。

例えばあなたが、明日、いきなり職を失い、収入がゼロになり、ルックスもひどいものになってしまったとしたら、果たしてあなたは今と同じ自信を持つことができますか？　たいていの人は、自信喪失となってしまうのではないでしょうか。

セルフイメージの高い人は、こうした「外的要因」に左右されず、自分に自信を持つことができます。自分が何か自慢できるような要素を持っていなくとも、自信を持つことができるのです。

これこそが、本質的な自信であるといえます。世界の心理学者たちが、いわゆる「成功者」たちを調べたところ、彼らの多くが、セルフイメージが高いことがわかったのです。つまり、彼らの成功は、努力（もちろん努力もしているはずですが）ではなく、セルフイメージの高さから、すでに約束されていたということを示したのです。

これは、衝撃的でした。人生は、努力だけでは成功できない人がいる。それを左右するものがセルフイメージである。一見すると残酷なようにも思える話です。

ナンパにおけるセルフイメージの影響

さらに、ナンパにおいても、このセルフイメージは、成果に大きく影響することがわかっています。

これから自分がお持ち帰りしようとしている女子が、もしも自分よりもセルフイメージが低い場合は、大きなミスさえしなければ、お持ち帰りができます。

一方、目の前の女子が、自分よりもセルフイメージが高い場合は、どう転んでもお持ち帰りをすることはできません。

女子の場合、セルフイメージの高さは、ほぼ容姿に比例すると言われています。

つまり、あなたが若い美女を狙おうとする場合、自分のセルフイメージがその子よりも低かったら、お持ち帰りは極めて難しいことになるのです。

セルフイメージは幼少期に決まる

しかも、セルフイメージは、なんと幼少期にほぼ決まってしまいます。セルフイメージに影響するのは、幼少期における、親子関係です。

親が自分に無条件の愛情、つまり存在するだけで素晴らしいというような愛情を受けた人は、セルフイメージが高くなります。一方、条件つきの愛情を受けた人は、セルフイメージが低くなります。

例えば、親の言うとおりに行動できたとか、褒められるようなことをしたときに、愛情を受けるような接し方をされた人は、セルフイメージが低くなるのです。

ＮＬＰはセルフイメージを上げる

こんなことを言ってしまうと、セルフイメージの低い人は絶望的な気分になってしまうかもしれません。幼少期にセルフイメージが決まってしまうのならば、もう、セルフイメージが低い自分は、もう打つ手がない。「若い美女は一生お持ち帰りができない」と思ってしまうのも無理はありません。これは、ある意味本当であり、ある意味違います。

実は、一生変えることができないと思われていたセルフイメージを、上げることができる方法が発見されたのです。それがＮＬＰです。

ＮＬＰとは

ＮＬＰとは、欧米の著名な心理学者たちが集まり、いわゆる人生の成功者たちを研究し、その傾向を調べたものです。

成功者たちは、一般の人たちと、どこが違うのか。それを解明すれば、人生の成功スキルが見つかると考えたのです。思ったとおり、そのスキルは見つかりました。

一般の人が、人生に成功できるようなスキルが、ついに心理学者たちによって、開発されたのです。それがＮＬＰです。ＮＬＰは、もともと低いセルフイメージを上げることができる、奇跡のスキルなのです。

ＮＬＰは、欧米を中心に広く浸透していきました。そして、人生に成功したいと思う人たちが、このＮＬＰを習い、本当に成功者となる者が現れたのです。

ＮＬＰは、ビジネス界やスポーツ界では真っ先に取り入れられ、世界的な成功者を次々と輩出しています。ＮＬＰスクールの広告には、こうした成功者たちが名を連ねています。

ナンパとＮＬＰとは相乗効果

では、ナンパでＮＬＰを使っていったらどうなるのでしょう？　実は、ＮＬＰとナンパは、大変に相性がよく、相乗効果でスキルが上がることがわかっています。

ナンパでは、セルフイメージが上がるので、当然、成果が出やすくなります。

一方、ＮＬＰ側からみると、どうでしょう？　実は、ＮＬＰのスクールに行くと、ＮＬＰをしっかり習得したかったら、習ったことを日常生活で実践しなさいと言われます。

ＮＬＰは、座学だけではほとんど身につきません。実践してこそ、そのスキルが身につくのです。

しかし、日常生活で、ＮＬＰを実践できる場は限られています。例えば、会社の人に、いきなりＮＬＰを実践すると、とても不自然な印象を与えてしまいます。

でも、ナンパでＮＬＰを使ったらどうでしょう？　ナンパなら、知り合いではないので、違和感を与えることはありません。

だから、思い切って、ＮＬＰを実践できるのです。ＮＬＰ実践の最高の場所が、ナンパなのです。私はＮＬＰをしっかり習得したかったら、迷わずナンパをせよと言いたいくらいです。

4　女子をお持ち帰りするために大切なことは

女子をお持ち帰りするために大切な要素とは

では、ナンパで相手の女子をお持ち帰りするために、最も大切なことは何でしょうか？　それは、相手との心理的距離を縮めることです。お持ち帰りできるくらいに、心理的距離が縮まっていれば、そのままお持ち帰りができます。

ただ、これは容易なことではありません。たしかに相手が職場の子であれば、毎日のように会って話す機会があるので、その回数を重ねていけば、自然に距離が縮まることもあるでしょう。

でも、いまはナンパです。何回も会う時間などありません。ましてや、自分はナンパをした立場ですから、相手の子は自分のことを信用すらしていないのです。この状態から、いかに短時間で心理的距離を縮めるかは、かなりの難題だといえます。

心理的距離を縮めるためには

では、相手との心理的距離を縮めるには、どうしたらよいのでしょうか？

その前に、女性の心理を理解しておく必要があります。

女性と男性の心理を比較すると、決定的な違いがあることがわかります。よく、理性と感情という言い方をしますが、我々男性は理性と感情がだいたい半々ずつです。バランスが取れた心理構成だと言えます。しかし、これが女性となると全然違うのです。

女性は、理性はたったの１割しかありません。ということは、そうです、なんと感情が９割もあるのです。「女性は感情の生き物である」という言葉がありますが、まさにそのとおりなのです。

我々男性が、女性と会話をする場合、もしもその女性と距離を縮めたかったら、この感情に訴えない限り、全くの徒労に終わってしまいます。どんな立派な話をしたところで、相手の女性の感情が動いてなければ、全く刺さらないのです。

相手に異性として認識してもらうためには

相手の女性に、自分を異性として意識してもらうにも、感情に訴えることが大切になります。

相手の女性の感情に訴えない会話をしている限り、何時間会話をしようが、全く意味がないのです。むしろ、すればするほど、どんどん異性としての認識は薄くなり、気がついたら友達のように扱われていた、ということが普通に起こるのです。

そして、一定期間、相手の感情に刺さらない接し方をしていると、女性は相手の男性を完全に友達フォルダに入れてしまい、もうそのまま固定してしまいます。

つまり、大切なのは、友達フォルダに入れられる前に、相手の感情に訴える接し方をして、異性フォルダへ自分を入れてもらうことなのです。

相手の感情に訴える会話がなぜ大切か

では、相手の感情に訴える会話とはどんな会話でしょうか?

それは、我々男が考えているものとはだいぶ違うものになります。そもそも、相手の感情に訴える会話は、いわゆる「話題」には依存しないのです。

よく、誠実系ナンパの方や、恋愛活動をしている方で、どんな話題を話すかを気にしている人がいますが、これは間違っています。会話を話題で考えている限り、相手と距離を縮めることはできません。

会話で何を話すかという、話題のことを考えることからは、いち早く卒業するべきです。

話題から相手の感情を揺らすことは不可能なのです。

異性として認識してもらうために、よく恋愛話をすればよいという教材がありますが、それも間違っています。たしかに恋愛話が刺さる子もいるでしょうが、決して万能ではないのです。恋愛話は、特にレベルの高い子に対しては、下心と映ってしまい、逆効果になることがよくあります。

事実、私がS級美女をお持ち帰るとき、わざと恋愛話を外して会話をすることがあります。S級美女ともなると、周囲の男がみな恋愛話を振ってきて、色恋に持ち込もうとします。そのような接し方にうんざりしている子は、恋愛話をした時点で、雑魚認定をし、異性フォルダに入れることをしなくなります。

相手の感情に訴える会話とは

では、相手の感情に訴える会話とは、いったいどんな会話でしょう?

それは、「くだらない話題」です。

男性からみると、女性って、なんでこんな中身のない話を延々とできるのだろうと思ったことはありませんか?　女性が大好きなのは、井戸端会議です。井戸端会議は、まさに内容のないくだらない会話です。でも、女性は井戸端会議のような、くだらない話題が大好きなのです。

そして、もう1つ大切なことは、「切り返し」です。

これは、相手の女性が言ってきたことに対し、ユニークさを入れて返すことです。つまり、どんな話題かではなく、どんな内容の会話でも、この切り返しをうまくやれば、勝手に女性は楽しいと感じ、感情が揺さぶられるのです。

5　テクニックとマインドについて

テクニックに溺れるナンパ師

ナンパで上達する、あるいは成果を出すために、最も大事なことって何だと思いますか？　多くの方は、「テクニック」と答えるのではないでしょうか？

世の中、ナンパの教材といえば、ほぼほぼテクニックの教材ばかりです。例を挙げれば、どのようなセリフで声かけをするか、などの教材はテクニックそのものです。

私のところに相談に来る方々にも、これらのテクニック系の教材を買い込み、コレクターになっている人も見受けられます。彼らは、とにかくテクニックを習得しよう。テクニック習得こそが、ナンパ上達に最も必要なことである。こうした考えのもと、テクニックばかりを追い求める方が後を絶ちません。

しかし、残念ながら、こうしてテクニックを追い求めても、成果が出ないどころか、上達さえしないという事態に陥っている人は大勢います。なぜ、彼らは成果が出ないのでしょうか？

テクニックだけでは成果は出ない

声かけテクニック、会話テクニックなど、様々なテクニックが、ナンパ界には溢れています。でも、なぜそれだけでは成果が出ないのでしょうか？

例えば、スポーツに例えてみましょう。野球のすごいテクニック、例えば、ものすごい変化球を投げるテクニックがあり、それを習ったとしましょう。それはテクニックとしては最強であり、使いこなせれば、どんな打者も打ち取れるかもしれません。でも、そのテクニック、あなたは実際に使いこなせますか？

ほとんどの人は、そんなすごい変化球のテクニックは使いこなせないと思います。

なぜなら、その変化球のテクニックを使いこなすような基礎的な野球スキルがないからです。変化球のテクニックを使いこなすなら、ストレートをしっかり投げる能力や、簡単なカーブなどの変化球を投げる能力くらいは、前提として問われるのは当たり前のことだからです。

それが、わかっているから、いきなり大リーグ選手を打ち取るようなすごい変化球のテクニックを学ぼうとする人はいないのです。

でも、ナンパの世界では、このようなことが、頻繁に起きているのです。

テクニックはソフト、マインドはＯＳ

例えば、ＰＣに例えるとしましょう。あなたのＰＣには、様々なソフトが乗っていると思います。

そして、そのソフトはサクサク動くと思います。しかし、ソフトはソフトの力だけで動いているのではないことはご存じでしょうか？

これは、当たり前のことだと思っている方も多いかと思います。あえて、答えを言いますと、ソフトは、それを動かすOSがあって初めて動くのです。例えば、Windows や Mac などのOSがあって、初めてソフトは動く。それはPCの常識ですね。

ナンパでも、このことが全く当てはまるのです。ものすごいソフト（テクニック）も、OSがなくては動かない。

では、ナンパにおけるOSって何でしょうか？

それが、「マインド」なのです。

マインドあってこそのテクニック

マインドというと、ナンパに限らず、様々な分野で話題になる言葉ですね。例えば、ビジネスでも、マインドということはよく耳にします。ビジネスはテクニックだけではダメだ、マインドが大事だ。こうしたことは、ビジネススキルを教えている方からはよく聞く言葉です。

ナンパも、マインドが極めて大事なのです。いくらテクニックを学んでも、マインドが伴わなければ、全く意味がないといっても過言ではありません。もちろん、テクニックも大事です。この本では、テクニック的な話も多く語っていきます。

しかし、それだけでは、身につかない。同時にマインドもインストールしなければ、テクニックが消化不良のまま終わります。

マインドはテクニックよりも抽象度が高い

では、ナンパにおけるマインドとは、どんなものがあるのでしょうか？

これはテクニックと違い、具体的に言語化し、実行することが難しい面があります。テクニックよりも、抽象度が高い概念です。抽象度が高いとは、より物事を俯瞰的に見る見方です。次元が高いともいいます。

つまり、マインドとは、テクニックよりも抽象的で、次元が高いものなのです。だから、いま私があるマインドを語ったからといって、すぐにそれを実行するのは簡単ではありません。テクニックのように、具体的ではないからです。

でも、マインドを意識するとしないのとでは、ナンパの上達に、圧倒的な差が出ます。

非誠実系ナンパに必要なマインドとは

例えば、私がやっている非誠実系ナンパでもっとも大切なマインドがあります。

それは「相手に与えるマインド」です。

もっと具体的に言えば、相手を楽しませるマインドと言ってもよいかと思います。

誠実系ナンパと非誠実系ナンパ、この２つは、テクニックが違うわけですが、実はマインドも大きく違います。ということは、いかにこの２つのナンパが違うものかということがおわかりになるかと思います。

誠実系ナンパは、色恋を入れるのですが、根底には、色恋を入れることと引き換えに、相手をお持ち帰りしようといういわば、取引があるのです。色恋という価値で、女子をお持ち帰る。これは、果たして相手に価値を与えるものかというと、甚だ疑問です。

一方、非誠実系ナンパは、色恋を入れず、相手を楽しませることで、お持ち帰りをします。相手に、楽しさという価値を与えることと引き換えに、お持ち帰りをするのです。

この方法は、特に美女に効果があります。なぜなら美女は周囲が色恋を入れてくる男ばかりなので、色恋を入れることには価値を感じないからです。だからこそ、楽しさを与えてくれる男には、価値を感じます。

こうして、特に美女に対して刺さる価値を与えていこうというのが、非誠実系なのです。

6 ナンパの種類とは

ナンパは大きく4つに分けられる

世の中で行われているナンパには、いくつかの種類があります。私も今まで、様々なナンパ講師に教えを受けたり、教材を購入したりして、学んできました。ナンパ界の方法は、100人いれば100の方法があると言われるくらい、千差万別であり、それぞれのナンパ師の方が、各々自分の方法が正しいと思っています。

そんな中で、私はナンパをもっと俯瞰的に見たいと思い、ナンパを分類することにしました。テクニックだけで分類すると、ナンパはそれこそ種類が多くなってしまいます。抽象度の高いマインドの視点で見ていくと、大きなくくりをつくっていくことができます。

私は、ナンパを大きく4つのグループに分類しました。

誠実系ナンパとは

普通、皆さんがナンパと言われて思い浮かべるのが、この誠実系ナンパだと思います。実際、このナンパは極めて広く行われており、全ナンパ人口の8割を占めるとも言われています。

色恋を入れていくのが特徴で、恋愛の出会いが、たまたまナンパであったという設定で声かけをしていきます。言葉遣いも丁寧なのが特徴です。

よくある誠実系ナンパでの声かけのセリフは、

「いますれ違ったけど、とてもタイプだったので声をかけました。これからどこに行くのですか？」あたりの内容が有名です。まさに、「タイプだった」というセリフが、誠実系であることを物語っています。

このナンパの特徴は、セリフ回しが簡単なため、誰でも始めやすいことです。実際、私も誠実系ナンパ塾にいたときは、セリフが難しくて困ったということはありませんでした。ある意味、ワンパターンで声かけしてゆけばよく、考える内容もあまりありません。

既婚者にとっては致命的な誠実系ナンパ

ただ、既婚者にとっては、大変に厳しいナンパになります。そもそも、既婚者が他の女性に色恋を入れていくことなど、許される行為ではありません。

しかし、既婚者ナンパ師の多くは、この誠実系ナンパを行っており、それによるトラブルが後を絶ちません。最も多いトラブルが、不倫がバレたことによる離婚です。

なぜ誠実系ナンパはバレることが多いのかというと、相手の女性に既婚であることを隠したために、それを察知した相手の女性が不信感を抱き、妻にバレるような細工をすることです。あとは、付き合っている男性自身も、色恋が入っているため、妻に対して不自然と思われるような行動ととり勝ちです。

例えば、妻と一緒にいるときに、相手の女性からメールが来たとしましょう。色恋が入ってなければ、放置することができますが、色恋が入っていると放置できず、トイレなどに入って返信をするといった行動をとりやすくなります。こうした行動が妻にバレるきっかけになるのです。

おっさんが誠実系ナンパをしても成果が出ない

あと、誠実系は20代くらいの若いナンパ師がするには、大して問題はなく、成果も出ます。

しかし、我々おっさんが誠実系ナンパをしたらどうでしょう？

いい歳したおっさんが、若い子を相手に色恋で口説くなど、気持ち悪い以外のなにものでもありません。おっさんで誠実系ナンパをしている方々は、そもそもこのことに気づいていない方が多いです。

さらに、誠実系ナンパは、若い美女のような、モテる女子には効き目がありません。若い美女は、常に周囲から大事にされ、口説かれ慣れているので、こうした色恋を入れた方法を使っても、周囲の男に埋もれてしまうのです。こうして、おっさんで誠実系ナンパをしている人は、成果に恵まれないことになります。

ただ、誠実系ナンパでもお持ち帰りができる女子がいます。色恋を入れる方法自体が差別化になる場合です。こうした女子は、普段口説かれ慣れていない、つまりルックスがよくなく、モテない女性には、効き目があります。

いずれにせよ、おっさんが若い美女を相手にするには不向きな方法だといえます。

即系狙いナンパとは

世の中の８割を占めるのが、誠実系ナンパとすれば、残りの約２割はほぼこの即系狙いナンパになります。これは、昔から広く行われているナンパで、女性が街を歩くと「ねえねえ、いまヒマ？」のような極めてチャラい声かけをしてくるお兄さんたちがやっているナンパです。

ここで、「即系」とは何かというと、「即系女子」ともいいます。「即」とは、即日という意味で、即日お持ち帰りができる子が即系という定義になります。こうした、即日お持ち帰りができるような女子を狙い撃ちし、まさに即日にお持ち帰りをするナンパが即系狙いになります。

このナンパは、最初から警戒心の薄い女子を狙っていくので、成果が大変出やすく、このナンパ専門でやっているナンパ師は、お持ち帰り数（ゲット数）が極めて多いのが特徴です。多い人になると、月に何十人もお持ち帰りをしている強者もいます。

即系女子の特徴

ここでいう、即系女子とは、いったいどんな女子なのでしょうか？

お持ち帰りされやすい女子、警戒心の薄い女子という子が、世の中には存在しており、ナンパ師たちの格好のターゲットになっている。この話を聞いたみなさんは、この即系女子を、普通の女子とは違う女子という印象を持つかと思います。

まさにそのとおりであり、即系女子は、警戒心が薄いという点で、普通の女子とは違います。はっきり申し上げて、即系女子は、「メンヘラ女子」です。つまり心に闇を抱えた子、病んでいる子です。メンヘラ女子というのは、何もメンタルクリニックに通院している女子というわけではありませんので、誤解のないようにしてください。

メンヘラ要素が強いので、物事の判断力に乏しく、流されやすい性格なので、ついつい相手の誘いに乗ってしまう。これが即系女子がナンパについていく理由です。

どうして即系女子になってしまうのか

そもそも、即系女子は、どのような経緯でつくられるのでしょうか？

実は、即系女子は、親の愛情不足であることがほとんどです。こうした即系女子と話をすると、愛情いっぱいの家庭で育った子は極めて稀で、ほとんどの即系女子は、家庭が崩壊していたり、親との関係が希薄、あるいは確執があることが多いです。

子どもにとって、親の愛情の果たす役割は大きく、特に女子の場合は、異性選びに大きな影響を及ぼすと言われています。女子が、相手を選ぶ際の基準として、父親の存在は大きいのです。父親から深い愛情をもらった女子は、男性選びのときに、信用できる人を選ぶ直感のようなものが磨かれ、しっかりとした男性を選ぶことができるようになるといわれています。

しかし、父親の愛情が不十分だと、女子は男性を選ぶ基準が育っておらず、表面的な甘い言葉だけで信用できる男と勘違いしてしまい、軽い男にお持ち帰りされてしまうとのことです。

娘さんがいる方は、このあたりの事情を理解しておくとよいかと思います。

即系狙いナンパのデメリット

では、即系狙いのナンパは、実際のところどうなのでしょうか？

たしかに、即系女子を狙うナンパは、成果が極めて出やすく、ナンパでお持ち帰るという醍醐味を味わうことができます。これは言ってみれば、お持ち帰りできる子をただお持ち帰りしているに過ぎない。狩りでいえば、弱っている獲物を捕らえるようなものです。

ただ、セックスしたいだけであれば、このナンパもよいかもしれません。しかし、人間的な成長がゼロだといってもよいと思います。動物的に狩りをしているだけなので、精神的な満足度は低いと言わざるを得ません。

さらに、即系狙いのナンパをすると、ネガティブなことに遭遇します。最も多いのは、「ストーカー」です。メンヘラ女子は、現実と非現実の区別がつきにくくなっています。いったん、寝てしまった男に惚れてしまうと、見境のない行動に走ったりすることがあります。特に気をつけなければならないのが既婚者です。即系女子が、ある日、いきなり家庭に押しかけてきて、修羅場になったということを聞きました。

あと、即系狙いナンパに多いのは、「性病」です。即系女子は、ナンパであれナンパ以外であれ、不特定多数の男性と性行為をしていることが多いです。私が以前、ナンパした即系女子は、大変可愛かったのですが、ホテルに入ってから経験人数を聞くと、なんと100人を超えていました。さすがに怖くなり、そのまま放流してしまいました。

このように、多くの見知らぬ男性と性行為をしている女子は、当然のように性病を持っていることが多いです。即系狙いのナンパ師たちは、この性病に対して日常茶飯事と思っているようです。抗生物質を携帯しているナンパ師もいます。即系狙いのナンパ師は、以前非モテ人生だった人が多く、性病をもらうこと自体が非モテ脱出の証拠だとして、勲章だと考えている人までいます。

非誠実系ナンパとは

今までの誠実系ナンパ、即系狙いナンパで、ナンパに占める割合がほぼ全部となりました。

実は、これからお話する非誠実系ナンパは、ナンパ全体に占める割合は低く、約１％と思われます。そのくらい、非誠実系ナンパは希少価値であり、だからこそ、多くのナンパとは差別化ができているといえます。

非誠実系ナンパは、まず、色恋を入れません。「色恋を入れずに、女子をお持ち帰りすることができるのか？」と疑問を持つ方もいると思いますが、だからこそお持ち帰りが容易にできると言いたいです。

女子をお持ち帰る際に、色恋を入れていくのは必須ではないばかりか、逆だったりします。これは、女性心理を理解すればこそ、わかることでもあります。

既婚者は非誠実系ナンパ一択

既婚者にとって、相手に色恋を入れていくことは、極めてリスクが高いです。色恋を入れる誠実系ナンパをしていたおかげで、私の周囲の何人もの方が、離婚を余儀なくされました。その点、非誠実系ナンパは、色恋を入れないので、既婚者でもトラブルになりにくい利点があります。

非誠実ナンパでは、相手をお持ち帰る前に、しっかりと既婚であることを言います。これで、相手の子は、恋愛を入れることを考えなくなります。

そんなことをしてしまうと、肝心のお持ち帰りができなくなってしまうと思う方もいるかもしれません。たしかに、そのような子（結婚願望が極めて強い子）はいます。しかし、そうでない子のほうが、圧倒的に多いのです。

モテるおっさんであれば、家庭を持っているくらいがむしろ正常です。結婚していることが、お持ち帰りに有利に働くことも少なくありません。

こうして、既婚者の場合は、色恋を入れないことにより、相手をいわゆるセフレ関係にしていくことができます。当塾の既婚者の40代の塾生は、非誠実系ナンパで、20代の子を5人もセフレにしている方がいます。

非誠実系ナンパは心理学を駆使した方法

非誠実系ナンパは、いわゆる「心理学」を駆使して、美女の感情を揺らし、即日でお持ち帰りするナンパです。この、「美女の感情を揺らす」ということが大事です。非誠実系ナンパは、特に、若い美女の感情を揺らすことに特化しています。

私は、今まで、20代前半のモデル・芸能人・女子アナ等のいわゆるS級美女もお持ち帰りしてきましたが、こうしたハイレベル女子のお持ち帰りに非誠実系ナンパは大変な効力を発揮します。

さらに、非誠実系ナンパのすごいところは、「スペックに関係なくできる」ということです。これは、誠実系ナンパがスペック頼みであることと正反対です。誠実系ナンパは、若い人がやれば成果が出ますが、おっさんになるとスペックが下がるので、成果が出なくなっていきます。おっさんになっても成果が出るのは、大変なイケメンであったり、肩書がすごい人であったりがせいぜいです。

それに対し、非誠実系ナンパは、スペックを必要としません。どんなにおっさんでも、ブサメンでも、肩書がなくても、ちゃんと成果を出すことができます。つまり、非誠実系ナンパは、万人が成果を出すことができるナンパだといえます。

非誠実系ナンパは会話が特徴的

では、非誠実系ナンパは、なぜ若い美女の感情を揺らすことができるのでしょう？

それは、詳しくはまた後述しますが、主にはその会話にあります。

誠実系ナンパが、主に、相手を褒めたり、普通の会話が主体になるのに対し、非誠実系ナンパは「弄り・ふざけ」といった会話主体になります。

では、なぜ弄りやふざけだと、美女の感情が揺れるのでしょうか？　それは、美女たちが、普段は周囲から褒められたり、大事にされたりしていることが大きいです。人間はいつもされていることを目の前の男にされても、感情が揺れません。しかし、弄りやふざけなど、ふだんはされ慣れていない接し方をされると、感情が揺れるのです。

つまり、非誠実系ナンパは、弄りやふざけといった接し方をすることにより、他の男性と差別化することで、美女の感情を揺らし、お持ち帰りするナンパだということができます。

7　ナンパは最強の自己啓発

ナンパ成功者は人生の成功者

普通、ナンパをする人たちの動機は、とにかく好みの女子と付き合いたい、理想の子と結婚したい、女子を抱きまくりたい、女に困らない人生を歩みたい、既婚者だがセフレをつくりたいなど、女性関係に関する動機が圧倒的に多いと思います。この私も、婚約者に振られたのがきっかけなので、まさに女性関係の理由です。

でも、実際にナンパをしていると、ただ単に女性関係の悩みを解決するにとどまらないことがわかってきたのです。それがこれからお話する「自己啓発」です。

ナンパをしていて、成果を出したような方々、つまり、ナンパ界での成功者は、ほぼ全員、人生の成功者にもなっているのです。これは、女性に困らなくなったという意味での成功者ではありません。女性関係を抜きにしても、ナンパ成功者たちは、成功者となっているのです。

ナンパ成功者たちは、会社員や士業、公務員、あるいは自分で会社経営をされている方も多くいます。そんな方々が、それぞれの組織や仕事で、成功している方が圧倒的に多いのです。例えば、組織の中で、人間関係が最強になり、いきなり大出世してしまった。事業を起こしたら、大成功してしまった、など、それぞれの仕事での大成功の話を数多く聞きます。

では、なぜナンパ成功者たちは、仕事でも成功者となるのでしょうか？

街で声をかける行動が自分を変える

ナンパは、街でいきなり通りすがりの女性に声をかけます。こんなことは、普通に人生を送っていたならば、一生経験せずに終わることです。そんな非日常な体験をする。しかも、極めて緊張し、ストレスがかかる行動を自らやっていく。これは、それまでの自分の殻を破らなければ決してできないことです。

人間は、今までと同じ行動をしながら過ごすだけなら、ある意味快適に過ごすことができます。これを心理学では「コンフォート・ゾーン」といいます。普段の自分の殻の中で生きていれば、それが快適なのです。しかし、そういう生活をしているだけでは、自分は変われませんし、今以上のステージに行くことはできません。

街で声をかける行動は、自分のコンフォート・ゾーンを破る行動だといえます。この居心地のよい日常を打ち破って声掛けをする。すると、コンフォート・ゾーンの外側へと飛び出すことになります。これが、大変な成長をもたらすのです。

特におっさんになると、何十年もかかって形成されたコンフォート・ゾーンがあり、その中にどっぷり浸かって生きてきています。そのまま生きていたら、死ぬまでその中で生きることになったと思います。

それが、ナンパという行動をすることによって、一挙にコンフォート・ゾーンの外側へと飛び出す。これは、人生でいう、「第二の誕生」です。自分に、再び青春時代が戻ってきたようなことが起こります。

大きなストレスがかかりますが、それだけ大きな成長を得ることができるのです。

与えるマインドが人生を変える

特に非誠実系ナンパは、「相手に与えるマインド」を重要視します。これは、相手に楽しさという価値を与えていくという意味です。相手の女子に楽しさを与える存在として、自分に磨きをかけていくのです。

これは労働時間で報酬を求める考え方とは一線を画します。ナンパは、何時間活動したからと言って、成果が出るものではありません。相手の女子に価値を与えたかどうかが、成果に表れるのです。

この考え方は、いわゆるサラリーマン的な考え方ではなく、経営者的な発想です。経営者は、何時間働いたからいくら報酬をもらうという考え方で動いてはいません。何時間作業をしようと、相手に与える価値がゼロであれば、報酬もゼロです。非誠実系ナンパの考え方は、この経営者的な考え方に通じるものがあります。

非誠実系ナンパをしていると、対峙する相手に、価値を与える考え方が自然に身につきます。これこそが、それまでの自分の労働対価的な考え方を変え、価値対価的な考え方へと移行することになります。

価値対価で人生を考えたほうが、より人生が豊かになることは、言うまでもありません。

相手に媚びない態度が育つ

また、非誠実系ナンパは、相手に媚びない態度で接することが要求されます。これも、誠実系ナンパとは正反対です。誠実系ナンパのように、色恋を入れたり、相手を褒めたりすることが、結局相手に媚びていることになるのです。色恋を入れず、まさに素の魅力で相手に対峙する非誠実系ナンパは、自然に相手の女子に媚びない態度が身につくのです。

なぜ相手に媚びない態度が大切なのでしょうか？　相手に媚びる態度は、根底に、相手に嫌われたくない気持ちがあるのです。潜在的に、相手に嫌われたくないから、無意識に相手の嫌がるような行動は避け、歓心を買うような態度に出てしまうのです。

でも、媚びていても、肝心の自分の思う通りの人生は、やってきません。相手に媚びている限り、主導権は相手にあり、常に自分の立ち位置が下のままだからです。相手を自分の思うように動かしていくためには、下の立ち位置ではダメです。相手に媚びない態度をとることが、結果として思い通りの人生を引き寄せ、自分の自信もつけていくのです。

このように、非誠実系ナンパをやっている人間は、相手に媚びない態度を身につけ、それが飛躍的に人生の成功へと進んでいくことができるのです。

自己啓発セミナーに行くならナンパをせよ

自己啓発は、世の中でブームと呼ばれるくらいに浸透しており、自己啓発本のコーナーはものすごい数の本で溢れています。また、いわゆる「自己啓発セミナー」も、頻繁に開かれています。

私の周囲にも、この自己啓発セミナーにはまっている人がいました。自己啓発セミナーは、値段が高いのが特徴です。1回100万円以上もするセミナーもあります。そんな自己啓発セミナーに、彼は何百万も投資していました。それで、彼は変わったかというと、私から見ると、残念ながら全く変わっていないのです。彼は、言いました。

「セミナーに行っているときは、すごい自分が触発された気分を味わえるのだけれど、帰ってくると、また元の自分に戻るんだよね」

このコメントが、まさに自己啓発セミナーの現状を端的に語っていると思います。

たしかにセミナー中は、非日常感に満ちた時間を味わえるでしょうが、帰ってくると、元の木阿弥。何も変わっていない自分がいるだけです。そして、まだ自分は変われていないと、次のセミナーに参加する。こうして、セミナーに何百万と投資することになるのです。私からみると、ただのセミナー中毒者にしかみえません。

このような自己啓発セミナーに参加するくらいなら、街へ出て声をかけたほうが、何倍も自分が変わることは間違いありません。しかも、ナンパは無料です。

ナンパは、何百万の自己啓発セミナーよりも、自己啓発の効果があるのです。

8　モテるおっさんはどこが違うのか

モテるおっさんは何が違うのか？

40代・50代になっても、モテるおっさんという人は、確かに存在します。本来であれば、おっさんになると、若い子からは異性対象からは外れていってしまうのですが、ずっと若い子からの魅力を維持できる人がいます。

では、おっさんになっても若い子からモテ続ける人は、どんな特徴があるのか？　それを知れば、あなたも若い子からずっとモテ続けることができます。

まず、モテるおっさんは、ルックスに気を遣います。本来であれば、ルックスが年齢を重ねると、最も劣化が激しくなる要素です。だからといって、整形せよというのではありません。もっと本質的な部分を改善していく意識です。

例えば、服装です。よくくたびれた格好をしている方がいますが、あれではダメです。若い子は、おっさんであっても、それなりの恰好を求めています。特に高い服装をする必要はありません。よく、何十万円もする服装をしているおっさんを見かけますが、あれはあれで方向性がズレています。トレンドを押さえた、最低限の服装であれば大丈夫です。

例えば、サイズ感です。ダボダボの服を着ている人がいますが、あれでは一瞬で切られます。ジャストサイズのものを着るようにしましょう。

あとは、春・秋であれば、テーラードジャケット、冬であればチェスターコートなど。あと、パンツは黒ジーンズ。このくらいの恰好をすることは大事です。先程挙げた服装は、ユニクロなどでいずれも数千円で購入できるものです。

服装はすぐに改善できますので、これを読んだ方はお店に行って改善することをおすすめします。

モテるおっさんは体形に気を遣う

あと、モテるおっさんは、体型に大変気を遣っています。中年太りという言葉がありますが、モテるおっさんは、このような言葉とは縁がありません。太っていたり、お腹が出ている時点でアウトだと思ってください。体型が崩れているおっさんは、「自己管理能力がない」という判定をされてしまっています。

体型維持に重要なのは、「運動」、「食生活」、「筋トレ」です。モテるおっさんは、筋トレを欠かしません。ジムに通う人も多いです。最も若い子に人気がある体形は、ズバリ、「細マッチョ」です。若い子にモテたいのであれば、まずはこの体系を目指して身体づくりをしていきましょう。

モテるおっさんは筋トレをする

筋トレは、実は、体形維持以上の効果があります。筋トレをすると、「男性ホルモン」の分泌が多くなることがわかっているのです。

この男性ホルモンは、様々な効果を生みます。例えば、「うつになりにくいメンタル」です。男性ホルモンは、実はメンタルにもプラスの影響を与えることがわかっており、うつになりにくいメンタルを養うことがわかっているのです。

ナンパでは、冷たい反応をもらって、メンタルにくることがあるので、普段から筋トレをしておくと、冷たい反応にも耐性ができやすくなります。

モテるおっさんは好奇心旺盛

あと、モテるおっさんは、「好奇心旺盛」であることです。

おっさんになると、それまの価値観や生きてきた世界にこだわり、新しいものを受けつけなくなってきます。年を取って新しいものを取り入れていくことは、ストレスになると考えるからでしょう。でも、古いものばかりにこだわり、新しいものに否定的になること自体、若い子からすれば、近づき難い存在になってしまっています。

一方、年をとっても新しいものを受け入れ、順応していく意識は、若い子にとって、とても魅力的に見えます。特に、新しいものを受け入れるときに、進んで若い人に聞く態度は、謙虚であり、好感を持たれます。モテるおっさんは、若い人に対して、決して高飛車ではありません。よい意味でプライドを捨てる態度が魅力的に映るのです。

モテるおっさんは短文で会話をする

さらに、モテるおっさんの特徴は、「短文で会話をする」ことです。年を取ると、なぜか人は話が長くなる傾向があります。長文で会話をするようになるのです。これは、実は、脳の老化が関係すると言われています。

長文の会話は、相手に伝わりにくいだけでなく、会話テンポも悪くなります。実は、若い子にとって、この「会話テンポ」が非常に大切なのです。

よく、女性が、相手の男性に対して、「フィーリングが合う」などということがありますが、これこそ、会話テンポが合うかどうかなのです。長文で会話することで、若い子からはフィーリングが合わないと認定され、同時に異性として見られることもなくなります。

若い子はテンポのよい会話を好みます。テンポのよい会話とは、どんどん会話ラリーが続くことです。会話ラリーにするには、1つひとつの会話を短くしなければ、次の会話をかぶせていくことが難しくなります。会話ラリーで次の会話をかぶせやすくするためにも、短文での会話が必要です。

9　ナンパをすると、なぜ金持ちになるのか

ナンパは異性関係以外をも変える

ナンパをする人の動機は、その大部分が異性関係についてだと思います。私もその1人でした。

しかし、ナンパは単に異性関係の悩みを解決する手段に留まらないことは、やっているとよくわかります。これから述べるのは、まさにナンパ活動がもたらす、思いがけない人生の変化です。ナンパ活動の副産物ともいえるかもしれません。

様々な理由で、ナンパを始め、自分の課題を克服すべく活動に取り組む。そして、努力の甲斐あって成果が出始める。成果がまた励みになって、さらなる高みを目指し、ストイックに活動を続ける。こうして、自分なりの異性に対する目標達成にまい進した人に共通する特徴があります。それは、「異性活動以外でも大変なことが起こった」ということです。

例えば、気がついたら、会社で同期をごぼう抜きして出世していた。年収が2倍になっていた。起業して軌道に乗ってしまった。いつの間にか、人気者になっていた。家庭で妻や子どもが私を見る目がよい方向に変化した。などです。

元々、そんな成果を目指してナンパを始めたわけではないのですが、ナンパで成果が出たと思ったら、ナンパ以外でも大きな成果が出てしまったというケースです。では、どうしてこんなことが起こるのでしょうか？

ナンパはそれまでの自分を変えていく活動

ナンパ活動は異性活動ではありますが、成果を出すことは容易ではありません。様々な課題に取り組み、自分を改善する。特におっさんが、自分を改善することは、大変なことです。普通のおっさんなら、自分を改善することなど、まっぴらごめんだという人も多いと思います。人間は、年齢を重ねるほど、それまでの自分の居心地がよいと感じるようになり、自分を変えることに対して抵抗を覚えるようになります。

そんな抵抗を乗り越えて、自分を変える活動をすること自体が、強力な自己啓発なのです。自分自身が自己啓発で変わったらどうなるでしょう？　待っているものは、以前の自分では考えられなかった自分です。

人間の年収は「セルフイメージ」が決める

いきなりですが、人間の年収は何が決めると思いますか？

学歴や環境、運などに、その原因を求める方が多いのではないでしょうか？　それもある程度は当てはまります。しかし、もっと関係の深いものがあるのです。それは、「セルフイメージ」です。

セルフイメージは、「根拠のない自信」とも呼ばれ、普通は幼少期に決まってしまうと言われています。この根拠のない自信こそが、年収に深く関係することがわかったのです。つまり、セルフイメージは、幼少期にほぼ決まることを考えると、幼少期にその人の年収はほぼ決まってしまうということなのです。

例えば、中卒や高卒でも、事業を興して大成功する方がいます。そのような方は、実はセルフイメージが高いということがわかっているのです。自分になんとなく自信があるから、低学歴からでも、自分自身を成功に導くことができる。逆に、高学歴でも低年収の方がいますが、そのような方は実はセルフイメージが低く、せっかくの高学歴を活かすだけの器がないともいえます。

人生の成功することの秘訣は、「自分をとことん信じる」ということです。これさえできれば、誰でも成功できますし、高い収入を得ることができます。

しかし、この自分自身を信じ切ることは、非常に難しいのです。何か、ネガティブなことが続いたときなどは、自分を信じられなくなり、むやみに周囲のアドバイスを仰いだり、最悪の場合は新興宗教などにはまってしまうことにもなりかねません。これでは、人生の成功や高収入は、一生無理といってもよいでしょう。

人生のターニングポイントでの振る舞いが鍵

よく、人生のターニングポイントということをいいます。

成功者たちが、今の成功を達成するまさに転機となった時期のことです。転職や起業などもそうかもしれません。例えば、今までずっと働いてきた会社から転職したり、退職して起業することを考えたとき、周囲の人に相談したらどうなるでしょうか？

ほとんどの（まともな）方であれば、反対すると思います。転職や起業はリスクが極めて高いからです。彼らの言い分は、まさに正論です。正論に立ち向かえるものなどありません。

つまり、自分に自信がない人は、ターニングポイントで誰かに相談し、やめるようにアドバイスを受け、言われたとおり、諦めるのです。そして、人生の成功や高収入は、夢で終わってしまうのです。

成功者たちのターニングポイントでの振る舞いは

では、成功者たちはどうでしょうか？

彼らが転職や起業しようと思ったとき、多くの方は、「誰にも相談しなかった」と答えます。相談したら、反対され、潰されてしまうことがわかっているからです。あるいは、「相談して反対されたが、周囲の反対を押し切って実行した」という方もいます。

どちらのケースも、自分を信じていない人にはできないことです。それほどまでに、自分の可能性を信じていたからこそ、行動することができたのです。そして、成功するために必要な要素こそ、この周囲をものともしない確信力なのです。

ナンパはなぜ年収を上げるのか？

ナンパ、特に非誠実系ナンパは、成果を出していくには、「セルフイメージ」を上げていくことが必須になります。特に若くて可愛い子は、セルフイメージが高いので、こちらも高いセルフイメージをもって臨まなければ、あっという間に撃沈してしまいます。

セルフイメージを上げていくためには、ナンパと並行してＮＬＰも実践していくことが大切になります。こうして、ナンパで成果が出る頃には、以前よりも高いセルフイメージを持った人間になっているわけです。高いセルフイメージを持っていれば、それに比例して年収も高くなるわけですから、ナンパでの成功者は、そのまま高収入の人間になっていくのです。

10　既婚者が家庭を壊さずに若いセフレをつくっていくには

既婚者も多いおっさんナンパ塾生

当ナンパ塾では、既婚者の塾生も多く在籍しています。彼らの動機の多くは、「家庭を壊さずに若いセフレをつくりたい」です。実際、入塾されて、現在20代の女性を5人もセフレとして持っている凄腕ナンパ塾生もいます。

既婚者でありながら、若いセフレを持っていくというのは、ある意味、男の夢かもしれません。ナンパをすれば、こうした夢も実現が可能です。しかし、一歩間違うと、夢を実現するどころか、家庭崩壊の憂き目に遭うのです。

既婚者が誠実系ナンパをする危険

私が以前在籍した、誠実系ナンパ塾は、既婚者の塾生も多く、しかもその方々の中には、成果を出して、既存女性を抱えていた人もいました。しかし、しばらくすると、その既婚者塾生たちが、次々と離婚したのです。

なぜでしょうか？　それは、「色恋を入れていた」からなのです。

誠実系ナンパ塾の塾生は、色恋を入れているので、結婚しているということを隠して付き合っています。ナンパされた女子は、相手が結婚していることを知らないので、自分が正式な彼女であると思っていますし、結婚を視野に入れている場合もあります。

しかし、勘のよい女子たちは、相手の男に、「妻がいるのでは？」と疑うようになります。そして、相手の男性に不信感を持ち、相手の家庭を壊す計画を立てる場合もあるのです。

あるいは、色恋が入っていると、男性側の挙動も不自然なことが多くなります。例えば、付き合っている女性からＬＩＮＥで連絡が入ってきたとしましょう。色恋が入ってなければそれを無視することは簡単ですが、色恋が入っている場合、気になってしまい、トイレにスマホを持ち込んで返信することも出てきます。

こうした不自然な行動を、妻が見逃すはずはありません。こうしたところから、誠実系ナンパ塾の塾生たちは、不倫がバレ、離婚へと進んでいったのでした。

既婚者に必要なのは「非誠実系ナンパ」

一方、当塾の塾生はどうでしょう。こうしたトラブルは、開塾以来、聞いたことがありません。なぜなら、色恋を入れないで付き合っているからです。

相手の女性は、男性に妻がいることを既知で付き合っています。だから、必要以上の連絡をしませんし、もし連絡があっても、男性側も色恋が入ってないので、妻がいる場面では返信しようなどと思わず、後日返信でよいと考えます。こうして、トラブルなく、若いセフレと交際を続けていくことができるのです。

既婚者が若い子をセフレにしていくには、「非誠実系ナンパ」を行っていく必要があります。誠実系ナンパは家庭崩壊のリスクが極めて高いので、おすすめしません。非誠実系ナンパであれば、色恋が入っていないので、家庭崩壊のリスクが極めて低くなります。

さらに、おっさんが若くて可愛い子を誠実系ナンパで狙うことは、キモいだけで、逆効果でしかありません。いい歳したおっさんが、若い子を口説いていくなど、女子から見ても、違和感しかないのです。

その点、非誠実系ナンパは、色恋を入れてない分、違和感も抱かれませんし、「相手の感情を揺らす」ということに特化していますので、短時間でのお持ち帰りには極めて有利なのです。

相手の子の「奥さんはいる?」の質問への答え方

既婚者が、非誠実系ナンパをするにあたって、大事なことがあります。ナンパをして、連れ出した際に、相手の女子から、「彼女や奥さんはいるのですか?」と聞かれることがあります。

誠実系ナンパならば、色恋を入れるので、「いないよ」答えるでしょうが、非誠実系ナンパでは正直に「結婚してるよ」と答えます。よく、結婚してると言ってしまうと、お持ち帰りができなくなるのではないかと思われますが、決してそんなことはありません。むしろ、好感を持たれたりします。40代・50代のモテる男性であれば、結婚しているのは当たり前です。逆に結婚していないほうが、何か難がある人ではないかと思われることもあるくらいです。

こうして、結婚していることを伝えてからお持ち帰るので、相手はそのつもりで付き合います。必要以上に男性側に入り込まないようにするので、バレる可能性が低くなるのです。

ナンパでお持ち帰りした子を継続してセフレ化するには

では、お持ち帰りしたのちに、継続してセフレ関係にしていくにはどうすればよいでしょうか？まずは、相手が継続した関係を望むことが前提になります。既婚者と深い関係になってしまったことに対して、本人なりに答えを出すことになります。

もしも、一夜だけの関係にとどめておきたいという結論であれば、深追いはせず、本人の気持ちを尊重しましょう。

本人が継続した関係を望む場合、自分は既婚者であることを伝えたうえで、会ったり連絡が取れる時間は限られていることを伝えます。仮に、家庭にいる時間に連絡をもらっても、一切、電話に出たりＬＩＮＥに返信したりはできないことなど、くぎを刺しておきます。

このすり合わせをしておかないと、後々、トラブルのもとになります。

第4章　ナンパ準備編

1　なぜ美女になるほど即日お持ち帰りでなくてはダメなのか

ナンパして後日会うことにしてしまうと……

ナンパをしていると、美女に出会って、連れ出しできることが、必ず出てきます。そんなとき、よく考えてしまうのは、「これだけの美女だから、即日お持ち帰りは難しいかもしれない」、「本来ならば即日お持ち帰りを狙いたいところだが、今回は、連絡先交換にとどめて、次回でのお持ち帰りを狙おう」ということです。

こうして、その日は、無事に連絡先交換をすることができました。次回のために相手に連絡を入れてみましたが、これがどうしたことでしょう、繋がらないのです。

ナンパをしていると、このような案件を何度も経験します。何を隠そう、この私も、今まで同じようなことをして、何十人もの美女を逃してしまいました。

では、この方法はどこがまずいのでしょうか？

相手が美女であるほど即日お持ち帰りが必須

実は、相手が美女であればあるほど、即日お持ち帰りをしなければならないのです。この真実に気づくまで、私は何年もの時間と失敗を経ることになりました。では、美女をお持ち帰るには、なぜ即日である必要があるのでしょうか？

理由は、美女の周囲には、様々な男性がアプローチしているからです。美女は、常に男性からのアプローチを受け、刻々と状況が変化しています。街で声をかけられたときは、それなりによい男性であると思っても、家に帰ってくると、気持ちがかなり冷めてしまいます。おまけに、自分の周囲の男性からのアプローチが次々とやってきます。

つまり、わざわざナンパしてきた男のアプローチを受ける必要性を全く感じなくなるのです。こうして、ナンパ師からの連絡先は、埋もれていき、音信不通となります。

「認知的不協和」を使って相手の好意を勝ち取る

いきなりですが、「認知的不協和」という言葉を知ってますか？

人間は、もともとの考え方と違う行動をしてしまったとき、その行動に矛盾しないように、考え方のほうを変えてしまうことが起こります。例えば、衝動買いでものを買ってしまったとき、「これは自分に必要なものであった」と後づけで理由をつくっていくのです。

ナンパでも、これと同じことが起こります。例えば、本来ならばナンパを否定する女子も、何かの拍子に即日お持ち帰りされてしまったとしましょう。そのとき、自分がお持ち帰りされた理由を後づけで考えるのです。

例えば、この男性があまりに強引だったから仕方なくなどです。もっと顕著な場合は、「私はこの男性が好きになったから」という理由を後づけでつくっていくケースです。いったん、女子をお持ち帰りすると、その女子に惚れられてしまうということが、ナンパではよく起こります。実は、これも、認知的不協和なのです。

女子は、連れ出されたとき、軽い興奮状態にあります。非日常なことが起こっているからです。展開次第では、そのまま流されて、お持ち帰りされてしまうことも、実は想像しているのです。我々男子は、その想像を実現させるだけなのです。

この興奮状態は、その日限りのものです。日が変われば冷めてしまうのです。だから、連れ出して興奮状態にある即日に、お持ち帰りしなければならないのです。凄腕のナンパ師たちは、この理屈がわかっているので、相手が美女であればあるほど、即日お持ち帰りを敢行するのです。

2　ナンパに適した場所とは

ナンパに適した場所は

よく、ナンパする場所はどんなところがよいですかという質問をいただきます。ざっくり申し上げますと、女子のいる場所であれば、どんな場所でもナンパは成立します。ただ、そう言ってしまえば元も子もないので、具体的なナンパ場所について、特徴を挙げてみたいと思います。

まず、東京を例にとってみましょう。一言で東京と言っても、様々な場所があります。例えば、日本一のナンパのメッカである、渋谷。ここは、多くのナンパ師の方がひしめいています。ただし、渋谷にこだわらなくても、ほとんどナンパする方がいない場所でナンパすることもできます。

ナンパでの反応のよさを決めるものは

そして、最も関心が高いのは、「どんな場所であれば反応がよいですか？」という内容です。確かに、せっかく声をかけても、ことごとく無視や冷たい反応ばかりでは、心が折れてしまいます。できたら、反応のよい場所でナンパしたいということでしょう。

東京でも、場所によって、大きく反応が変化します。つまり、反応がよい場所と悪い場所があるからです。そして、この反応のよさを決めるのが、キャッチやスカウトの多さです。

渋谷、新宿、池袋といった場所は、総じてこうした人間が多く、女子は街を歩くだけで、次々と男性から声をかけられます。

この3都市を、私は、「ナンパ激戦地」と呼んでいます。

「ナンパ激戦地」での様子は

これは、我々男子には想像できないかもしれませんが、激戦地になると、若くて可愛い子が100メートルほど歩くだけで、10人もの男子から声をかけられることもあるようです。こんな状態では、とてもまともな神経では街を歩けません。いちいち反応していたら、疲れ切ってしまいます。

そこで、女子たちは、こうしたキャッチやスカウトの多い街に来ると、「ガンシカモード」へと切り替えるのです。どんな男子が声をかけてきても、全員無視すると決める女子も多くいます。だから、激戦地では反応が大変に悪いのです。

では、そんな激戦地ではナンパなんかやめればよいと思うかもしれません。たしかにナンパ初心者は、激戦地を避けるのも方法だと思います。ただ、私を含め、多くのナンパ師たちは、あえて激戦地を好んでナンパをします。それは、激戦地ならではの利点があるのです。

それは、「ターゲットの多さ」です。他の都市に比べ、激戦地の人口の多さは別格です。ターゲット探しに困ることはまずありません。特に激戦地は、若くて可愛い子が集中しています。

また、激戦地の大きな利点は、「ラブホテルがある」ということです。せっかく声をかけて連れ出したとしても、肝心のラブホテルがなければ、即日のお持ち帰りは難しくなります。ナンパでは即日のお持ち帰りが大変重要であり、ラブホテルがない場所は、ナンパでは大変に不利な場所となるのです。

こうして、ナンパ激戦地には、昔も今も多くのナンパ師たちが集まってきます。この傾向は今後も続くと思います。

ナンパ初心者に適したナンパ場所は

あと、私が以前、好んでナンパした場所は、「銀座・有楽町」そして、「表参道」です。これらは、総じて女子たちの反応がよいのが特徴です。激戦地と比較すると、その違いがよくわかります。

理由は、言わずと知れていますが、キャッチやスカウトが少ないことです。激戦地と比べると、これらの方々は明らかに少ないですね。さらに、これらの場所は、ブランドショップが立ち並び、若くて綺麗な子の割合が多いのです。若くて綺麗な子が多いうえに、反応がよい。これはもう、パラダイスですね。

なぜ、ナンパ師たちは、銀座や表参道でナンパしないのだろう？　と思うのも無理はありません。実は、ナンパ師たちがこれらの場所に少ないのは、大きな理由があるのです。

それが、「ラブホテルがない」ということです。これらの場所には、徒歩圏内にラブホテルがありません。連れ出して即日お持ち帰りをしたかったら、それこそタクシーで移動するしかないのです。この大変さを考えると、自然に激戦地へと向かってしまうのです。

実は、私が以前在籍していた誠実系ナンパ塾は、銀座・有楽町を拠点にしていました。なぜなら、反応がよいこともそうですが、誠実系ナンパは即日お持ち帰りを狙わなかったからです。

誠実系ナンパは、即日お持ち帰りを目指しません。まず、会った日は、ＬＩＮＥ交換をしておき、後日にお持ち帰りを目指します。この２回目でのお持ち帰りのことを、準即といいます。

非誠実系ナンパが即を目指すのに対し、誠実系ナンパは準即を目指します。だから、ナンパ場所にラブホテルがなくともよいのです。しかし、だからこそ、誠実系は成果が出ないともいえます。ナンパでは、即日お持ち帰りを目指さないと、成果が出にくいのです。

郊外でのナンパの様子

東京や東京周辺の、いわゆる「郊外」もまたナンパ場所として有名です。例えば、東京でいえば、「町田」。周辺でいえば、「横浜」、「大宮」等です。

これらの場所は、キャッチやスカウトもいますが、激戦地とは段違いに少ないです。ということは、そうです、女子の反応がよいのです。初心者にはありがたいですね。では、肝心のラブホテルはどうかというと、これらの都市にはいずれも徒歩圏内にラブホテルがあります。

つまり、郊外の特徴は、女子の反応がよいうえに、即日お持ち帰りのためのラブホテルもある。これは願ってもない条件ですよね。このことをわかっている方は、好んで郊外をメインにナンパしている人も多いです。

事実、この私も、ナンパ初心者の頃は、郊外を好んでナンパを行って、成果を出したことがあります。

自分のナンパレベルで場所を選択することが大切

このように、ナンパ場所には一長一短があり、どこがよいとは一概に言えません。自分のナンパレベルに応じて、適宜使い分けていくとよいかと思います。

初心者のうちは、郊外や銀座・有楽町、表参道などで腕を磨き、レベルアップしてきたと思ったら、激戦地へとシフトさせていく。これが挫折なく腕を上げていく工夫かもしれません。

3　ナンパに適した時間とは

曜日や時間帯によってターゲットの質は変わる

よく、ナンパに適した時間はいつがよいですかという質問をいただきます。その意味は、どの時間が最も成果が出やすいかという意味だと思いますので、いくつかの時間帯に分けて解説したいと思います。

はっきり言いますと、時間帯によって、ターゲットの質は変化します。それによって、成果の出やすさも違ってくるので、ナンパをする側は、ある程度の知識を得ておくことは必要かと思います。

休日のターゲットの特徴とは

土日の昼間から夜は、街にいるターゲットの数がもっとも多い時間帯になります。ナンパをしている方の多くは、この時間帯に街に繰り出しているのではないかと思います。私もナンパを始めた当初は、仕事が土日休みということもあり、圧倒的に土日にナンパをしていました。

土日に街に出てくる女子は、たいてい、遊びや買い物に来ています。一人で歩いている女子の割合が少ないのも、土日の特徴です。女子に声をかけるとわかるのですが、たいていの女子は、「これから友人と会う」、「美容院やネイルに行く」という用事がある場合が多いです。

ターゲットは大変に多いのですが、用事に向かう女子が多く、暇そうに歩いている子は意外に少ないのです。頑張って連れ出したとしても、このあとの用事に行くまでの時間限定がかかり、即日お持ち帰りが難しいのが特徴です。

ただ、一人でぶらぶらと歩いている子もいますから、そういった子は狙い目になります。

平日夜のターゲットの特徴とは

平日の夕方から夜も、ターゲットの大変多い時間帯になります。その多くは、通勤・通学帰りの女子です。これから飲み会に行く子もいます。ターゲットが大変多く、またナンパする側も、平日昼間に仕事をしている場合は、この時間帯に、仕事帰りにナンパすることになります。

平日夕方から夜も、土日に次いで、ナンパが盛んな時間帯です。ただ、やはり、仕事帰りで急いでいる子が多く、彼女らの足を止めるのはなかなか容易ではありません。

ただ、うまく連れ出しができた場合は、飲みに誘えば、即日お持ち帰りも十分に可能になります。

平日深夜のターゲットの特徴とは

平日の深夜にナンパをした経験のある方はいるでしょうか？　実は、ナンパ界では、この平日深夜の時間帯が、大変に成果の出やすい時間帯として有名なのです。理由は、「飲み会帰り」の子が多いことです。一次会が終わり、ほろ酔い気分で、気持ちがオープンになっている子が歩いているのです。

彼女らを捕まえれば、そのままさらに飲み直しに誘うことができます。即日お持ち帰りも十分に狙えます。即日お持ち帰りを狙う方法は、「終電を逃させること」です。飲んでいたら、ついつい終電に遅れてしまったという流れに持っていくのです。

これで、ホテルに泊まる口実ができます。平日深夜が専門のナンパ師で、この手口で大量の子をお持ち帰りしている方もいます。

平日昼間は狙い目？

あと、成果が出やすいことで有名なのが、平日昼間です。この時間帯は、平日昼間に仕事をしている方は難しいかもしれませんが、ぜひトライしてほしい時間帯です。

この時間帯のメリットは、何といっても「暇な子が多い」ことです。平日昼間のターゲットは、女子大生や平日休みの職業、例えば、ナースやアパレル、飲食などです。これらの職業の子は、友人と休みが合わない子が多く、平日昼間に一人で街に出かけてくる子が多いです。連れもいませんから、暇な場合が多いのです。

現在の私は、平日昼間に時間が取れるので、このような子を狙って大量にお持ち帰りをしています。昼間なので、飲みには誘えませんが、カフェから十分にお持ち帰りができます。特に、非誠実系ナンパは、ノンアルコールでお持ち帰りができるので、こうしたターゲットにはうってつけのナンパです。

さらに、もう1つ、平日昼間の大変なメリットがあります。実は、この時間帯は、「有名人が多い」ことです。有名人は、人込みを避けて行動する性質があります。平日昼間を狙って、街に出てくるのです。私は今まで、モデルや芸能人をお持ち帰りしてきていますが、その多くが、平日昼間でのお持ち帰りです。

4　おっさん好き女子の特徴とは

世の中は「おっさん好き女子」で溢れている？

世の中の女性は、歳上好きが多いのは周知のとおりです。しかし、それだけではありません、単なる歳上だけではなく、父親とそう年齢の変わらないくらいの歳上が好きな女性も存在するのが現実です。

いわゆる、「おっさん好き女子」です。このおっさん好き女子は、バブルが終わったあたりから増え始め、現在もずっと増え続けているのです。

おっさん好き女子が増えている理由は、時代が不安定になり、女子の精神状態も以前よりも不安定になっているからと言われています。こうした不安定な女子は、相手の男性に、安定感を求める傾向があります。しかし、同年代の男性は、むしろライバルであり、自分を甘やかしたり、承認欲求を満たす存在にはなかなかなり得ません。

このように、不安定な時代の女子たちは、潜在的に、安定した男性を求めるようになります。おっさん世代の男性は、年齢も離れているので、ライバルのような意識を持つこともありません。しかも、精神的に成熟しているので、安定感が同年代の比ではありません。こうした理由から、世の中は、おっさん好きの女子が溢れている現状があるのです。

我々、おっさんナンパ師も、こうしたおっさん好き女子を狙っていけば、成果も出やすいですし、長期的に関係を維持することも十分に可能になります。

おっさん好き女子はファザコン？

おっさん好き女子の特徴として、「ファザコン」が挙げられます。女子は、もともとこの傾向があるのですが、おっさん好きは、これが顕著である場合です。このような女子は、同年代の男子にはあまり興味がありません。ライバルに見えてしまったり、子どもっぽくみえてしまったりして、恋愛対象にはなりにくいのです。

自分の欠点も含めて、丸ごと受け入れてくれるような、包容力のある男性を求めています。こうなると、必然的に父親くらいに歳の離れた男性が好みになってくるのです。このタイプは、会社内で既婚者男性と不倫をするケースが多いです。

また、ファザコンとは逆に、「父親嫌い」というケースもあります。これは、父親を毛嫌いしているのですが、本当は理想の父親像があり、それとは真逆な父親に対して失望しているともいえます。こうしたタイプは、理想的な父親像の男性が現れれば、すぐさまファザコンになる要素を持っているのです。もともとファザコンなのが、逆に出たタイプだとも言えます。

おっさん好き女子は恋愛に奥手？

恋愛に奥手な子も、おっさん好きの傾向が強い子が多いです。こうした子は、同年代同士の恋愛がうまくいってない子が多く、そうした恋愛に疲れを感じてしまうのです。集団の中で自分をうまくアピールできなかったり、ライバルとの競争が苦手だったりする子が多いです。もっと、自分を丸ごと受け入れてくれるような恋愛に憧れる子です。

こうした子は、恋愛経験は少ないですが、恋愛そのものにはよい印象を持っています。自分の理想的な相手さえ見つかれば、恋愛に発展するのです。

おっさん好き女子はキャリア志向

キャリア志向のタイプも、おっさん好きの子が多いのが特徴です。会社内で出世するには、同年代の男子は、やはりライバルにしか見えません。

このような上昇志向が強いタイプは、承認欲求が強いのが特徴です。同年代の男子は、この承認欲求を満たしてくれる器は持ち合わせていません。認めてくれるのは、上司のような、歳の離れた男性なのです。

キャリア志向、上昇志向の女性を相手にする場合は、この承認欲求を満たすような広い心で接することが大切です。

おっさん好き女子は大人びている？

大人びた子も、おっさん好き女子が多いのが特徴です。ふだんから大人びている分、同年代の男子が子どもに見えてしまいます。自分と釣り合う男性は、やはり歳の離れた男性であると自覚しているのです。

このような女性は、普段から物腰が静かである特徴があります。流行などとも一線を引いており、自分独自の価値観で生きている傾向があります。いわゆる、イマドキの女子とは一歩引いた女子を見つけたら、おっさん好きの女子である可能性があります。

おっさん好き女子の外見的特徴は

では、おっさん好き女子の外見は、どのような特徴があるでしょうか？

私が今まで接してきたおっさん好き女子は、ずばり、「清楚系女子」が圧倒的に多いのが特徴です。

私自身、清楚系女子が好みなので、これは大変に好都合でした。では、なぜおっさん好き女子には清楚系が多いのでしょうか？

実は、おっさん好き女子に清楚系が多いというよりは、おっさん好き女子は、おっさんの好みに合わせて清楚系になっていると言ってよいかと思います。つまり、自分がおっさん好きの場合、ターゲットであるおっさんは何が好きかを調べるわけです。

すると、おっさんは清楚系女子が好きな人が多いとわかる。そこで、おっさんが好きな清楚系のスタイルにしていくというものです。

おっさんと清楚系女子とは、極めて相性がよいのです。清楚系女子が好きなおっさんは、自分の好みのままにナンパしていれば、自然におっさん好き女子に当たるということです。これを知ったとき、本当に世の中はよくできているなと感心したものです。だから、清楚系女子が好きなおっさんは、迷わずナンパをしたほうがよいのです。

5　ナンパは未経験者のほうがなぜ成果が上がるのか

ナンパ未経験者のほうが有利

当ナンパ塾には、毎月、様々な方が入塾してきます。大きく分けて、ナンパ経験者とナンパ未経験者がいます。ナンパ未経験者は、文字通りナンパを今までやったことがない人。ナンパ経験者は、何らかの形で、過去にナンパを経験してきている人です。

一見すると、ナンパ経験者は、既にナンパを経験しているわけなので、入塾後も成果が出やすいと考えてしまいます。事実、経験者で、入塾後、すぐに成果を出す方もいます。

しかし、経験者と未経験者を比較すると、必ずしも経験者のほうが成果を出すわけではないことがわかります。当塾では、ナンパ未経験者が、ナンパ経験者をさておいて先に成果を出していくケースが頻繁に見られます。ナンパ未経験者のほうが、経験者よりも不利なはずなのに、これはどうしてでしょうか？

ナンパ経験者の苦悩

ナンパ経験者は、いくつかのタイプに分かれます。まず、独学でナンパをしてきた人。これは、ナンパ教材等を買ったり、合流相手から手ほどきを受けたりで、自己流でナンパをしてきている人です。あとは、ナンパ塾で学んできている人。これは、元々在籍していたナンパ塾が、誠実系の場合が多いです。

このような前歴を持って入ってきた場合、もといたナンパ塾が非誠実系ナンパの場合を除き、それまでやっていた方法を、いったんリセットしてもらう必要があります。特に、以前やっていた方法が誠実系ナンパの場合、非誠実系とは真逆な方法なので、一刻も早く、誠実系の方法を捨ててもらう必要があるのです。

しかし、たとえ成果が出なかったとはいえ、もともとやっていた方法は、自分にかなり染みついています。頭では、非誠実系でやろうと思っていても、無意識が誠実系で染まっているので、ついつい誠実系の癖が出てきてしまうのです。誠実系の経験が長ければ長いほど、しっかり染みついており、なかなか捨てていくのが難しくなります。

ナンパ未経験者はなぜ有利か

このように、当ナンパ塾では、特に誠実系ナンパ歴が長い人ほど、非誠実系ナンパの習得に苦労する場合があります。長い人だと、誠実系の癖が抜けるのに、数年間もかかる場合があるのです。

一方、ナンパ未経験者は、ナンパに関してはまっさらの状態です。新しいものを受け入れることがいつでもできる状態になっています。だから、未経験者は、最初から非誠実系ナンパを習得することができ、めきめきと力をつけていけるのです。

当ナンパ塾では、50代のおっさんで、ナンパ未経験であるにも関わらず、入塾してわずか1年で、10ゲットもしてしまった塾生もいます。これは、まさに、最初から非誠実系ナンパをインプットできた成果だということができるでしょう。

6　ナンパはなぜ最高のアンチエイジングなのか

ナンパを始めたら若くなった？

私がナンパを始めたのは、48歳のときです。このときは、婚約者に振られ、人生のどん底にいました。見かけは歳相応だったと思います。

しかし、あれから数年が経ち、私も50代後半になりました。ところがどうでしょう？　久しぶりに会った人から口を揃えて言われるのは、「前よりも若くなった」ということです。つまり、48歳のときよりも、50代後半の今のほうが、若く見られるようになったということなのです。

これは、いったい、なぜなのでしょうか？　答えは、「ナンパにはアンチエイジング効果がある」ということです。ナンパにはもともと、強力なアンチエイジング効果があり、私もその恩恵にあずかったということなのです。

ナンパをやればやるほど若くなる。これがナンパの魔法のような効き目です。世の中、様々なアンチエイジングの方法がありますが、私はナンパほどアンチエイジングの効果があるものはないと本気で思っています。

なぜ、ナンパはアンチエイジングの効果があるのか、その理由を説明します。

ナンパは脳科学的にもアンチエイジング効果が高い

私は以前、大学院で脳科学を専攻しました。研究テーマとして、様々な場面での、脳の活性化を調べていたことがあります。脳の活性化を、計算など様々な課題をやってもらったとき同士で比較するのです。

ある日、課題と課題の間で、世間話などをしたときの脳の活性化の値が、それまでのどの課題よりも高くなったのです。これには驚きました。ただの世間話のほうが、計算などの課題をやっているときよりも、活性化は低いだろうと予想していたからです。

しかし、事実は全く逆でした。これで考えたことがありました。「コミュニケーションをしているときが、脳は最も活性化している」ということです。人とのコミュニケーションは、脳を最も活性化します。

よく、老人が人と話さなくなると、ボケが進行すると言われます。あれは、たぶん真実なのでしょう。人と話すことが、最も脳を若返らせるために効き目があるのです。

一方、ナンパはどうでしょうか？　ナンパはコミュニケーションの中でも、最も難易度が高いものです。全く見ず知らずの人に話しかけ、数分後にはカフェに連れ出し、数時間後にはホテルに入るのです。

これは、どう考えても、大変な密度のコミュニケーションが必要になります。これだけ難易度の高いコミュニケーションを日常的にしていたら、それは脳は活性化され、若返るでしょう。ボケも当分は大丈夫だと思います。

ストリートナンパはかなりの運動量

ストリートナンパは、路上で声をかける行動です。ストリートを歩きながら、時として相手に追いつくために、全力でダッシュしたりします。

数時間ナンパすると、大変な運動量になります。運動もまた、アンチエイジングによいこともわかっています。また、運動することにより、エネルギーを消費し、いつまでも肥満とは無縁な体形を維持できます。

ナンパ師は、みな、太っておらず、しかも細マッチョが多い。これだけで、アンチエイジング効果が高いことは明白でしょう。

若い子を抱くというアンチエイジング

さらに、おっさんナンパは、20代の若い子をお持ち帰りできます。歳をとってくると、若い子を抱く機会はどんどん減っていきます。そんな中で、ナンパをしている人たちは、継続的に若い子を抱く生活になります。

この若い子を抱くというだけでも、大変なアンチエイジングになると思います。若い子を抱くと、明らかに、新鮮な感覚を味わいます。

女子を抱くことだけでも、男性ホルモンであるテストステロンの分泌を促すそうなので、相手が若い子であれば、さらに多くのテストステロンが出てくることでしょう。テストステロンは、アンチエイジングに効果があることが、よくわかっています。

私の周りでも、おっさんで若い子と遊んでいる人は、総じて見た目が若いのが特徴です。このことが、若い子を抱くことがアンチエイジングになることを物語っていると思います。

7　ナンパ初心者にはなぜテンプレートが必要なのか

肝心の内容がないナンパ教材や塾

私がまだ、ナンパを始めたころ、街で声をかけることを決めたのはよかったのですが、困ったことがありました。それは、どんな言葉で声をかけたらよいかということです。

それまで、路上で知らない人に声をかけるなどという行為は、道聞きくらいしかやったことがありませんでしたから、全く知識がありません。その当時は、ネットに転がっていた声かけフレーズをそのままパクって声をかけたものでした。

しかし、所詮はネットの情報です。もちろん、反応が取れたことはありましたが、肝心の連れ出しができませんでした。ナンパで声をかける最初の言葉というのは、それなりに大事ですが、もっと大事なのは、連れ出しまで持っていくプロセスです。ネットでいくら検索しても、肝心のところは、よくわかりませんでした。なので、反応は取れても、カフェに連れ出すところがなかなかうまくいかなかったのです。

さらに困ったことがあります。誠実系ナンパ塾である、ＲＫ塾に入ったときのことです。この塾は、連れ出しまでのテンプレートはあったのですが、カフェや居酒屋に連れ出してからのテンプレートがなかったのです。

そのため、せっかく連れ出しても、そこからどうしたらよいのかわかりません。とりあえず会話をして、そのままその日は帰宅というようなことばかりしていました。今思えば、大変にもったいないことをしていたと思います。

ナンパ初心者ほどテンプレートが必須

このように、ナンパ初心者は、声をかけてから、連れ出し、そしてホテルインと、一連の流れがよくわかっていない場合がほとんどです。この部分を自力で考えろといっても、無理なのです。世の中のナンパ塾やナンパ講習は、このことをわかっていないケースが多すぎます。

このようなナンパ塾やナンパ講習を受けている場合、まさにプロセスがわからずに成果が出ず、結局挫折してしまうことになりかねません。本人はとてもやる気があるだけに、大変に残念です。

ナンパ初心者に必要なものは、すべてのプロセスが詳細にわかるテンプレートです。声かけの言葉から連れ出しの流れ、そして、連れ出してからどのように会話して、スキンシップを行い、最後はホテルにインするか。この一連の流れを詳細に解説したテンプレートがあれば、初心者でも成果を出すことができます。

私は、ナンパ初心者のとき、この詳細な流れを教えてもらえなかったので、大変に遠回りしてしまいました。もしも、このときに、流れを教えてもらえる講師に出会えたら、全く違う成果を出せたと思います。

当ナンパ塾のテンプレートは

当ナンパ塾では、声かけの言葉から、連れ出しまで、そして連れ出してからホテルインまでの流れを詳細に教材の中で教えています。これこそが、私が初心者のときにほしかったものです。

当塾は、おっさんナンパ未経験者、初心者が多いですが、そんな方でも最速で成果が出せるのは、一連の流れを詳細に説明したテンプレートがあるからです。このテンプレートがあるからこそ、塾生は、迷いなく流れを遂行でき、成果を上げることができるのです。

もちろん、テンプレートはあくまでテンプレートなので、唯一の正解ではありません。最短で成果を出すまでの道しるべ的な役割です。

その後、ナンパの腕がさらに上がり、成果もどんどん出てくれれば、このテンプレートを自在にアレンジして、より自分に合った内容に変えていくように指導しています。

8　ナンパは彼氏や夫がいる子ほどお持ち帰りしやすい

彼氏や夫がいる子ほどナンパではお持ち帰りしやすい

よくナンパをしていると、「彼氏がいます」とか「結婚しています」というような断り文句をもらいます。特に誠実系ナンパをやっている人は、色恋を入れる前提なので、この時点で諦めてしまう人もいるかもしれません。あるいは、頑張って連れ出ししても、このことがネックになって、お持ち帰りは難しいと感じている人も多いかと思います。しかし、決してそんなことはないのです。

彼氏がいる子や夫がいる子は、私の中では、彼氏がいない子よりも、むしろお持ち帰りがしやすいと思っています。これを聞いた人は、衝撃を受けるかもしれません。でも、ナンパをしている人であれば、ここのところはよくわかると思います。なぜでしょうか？

ここであらかじめ申し上げておきますが、彼氏や夫がいる子が、ナンパでお持ち帰りされるなんて、貞操観念がないとか、女として終わっている、などということを議論するつもりはありません。

私は、彼氏や夫がいて、しかも貞操観念がある女性でも、ナンパでお持ち帰りされることは十分にあると思っています。ナンパでお持ち帰りされることは、貞操観念とは別の次元なのです。ナンパでお持ち帰りされることは、会社の上司や同僚と不倫することとは同列にはできません。

なぜ彼氏や夫がいる子はお持ち帰りしやすいのか？

では、彼氏や夫のいる子は、なぜお持ち帰りされやすいのでしょうか？　理由は簡単です。

「普段から、セックスをしている」からです。彼氏のいない子は、ご無沙汰の状態になっており、セックスに関して抵抗がある状態になっています。しかし、彼氏や夫がいる子は、普段からセックスをしているので、身体の関係になることに対して、それほど抵抗がないのです。

事実、私も様々な若い子をナンパしてお持ち帰りしてきましたが、彼氏や夫がいる子は、お持ち帰りが難しいどころか、むしろ簡単であるという印象があります。実際、今まで多くの彼氏や夫がいる子をお持ち帰りできています。

最もよくないのは、相手に彼氏や夫がいることがわかったら、勝手に諦めたり、難しいと感じることなのです。ナンパでの敵は、相手ではなく、自分自身です。お持ち帰りできないのは、相手に彼氏や夫がいるからではなく、その状況を勝手に難しいと解釈した自分自身に原因があるのです。

彼氏や夫のいる子の攻略の方法とは

では、彼氏や夫がいる子は、どのように攻略すればよいのでしょうか？

まず、大事なことは、「色恋を入れない」ということです。誠実系ナンパをしている人は、色恋を入れているので、既にこの段階で苦しくなります。その点、非誠実系ナンパであれば、色恋を入れないので、大変に有利に進めることができます。

そして、彼氏や夫がいる子に関しては、まず、彼氏や夫の話を聞き出しましょう。色恋を入れたがる人は、この話題を避けたがる人がいますが、お持ち帰るにはこの話の引き出しが大切になります。

相手が彼氏や夫の話をしてきたら、しっかり話をさせてやります。このとき注意することは、決してパートナーのことを否定しないことです。誠実系ナンパの人は、このパートナーのことを否定しながら、「俺と付き合うほうがよい」などと口説く場面が見られますが、この言動こそが地雷になります。なぜでしょう？

実は、相手の子にとって、彼氏や夫は、その子の価値観そのものだからです。例えば、彼氏や夫の悪口を言っていたとしても、彼氏や夫が嫌いなわけではないのです。

相手の子がパートナーの悪口を言ってきたからといって、それに乗じてしまうと、その子の価値観をも否定したことになってしまうのです。パートナーを否定することは、その子を否定することになることを、頭に置いておきましょう。

このように、パートナーの話を引き出し、パートナーを否定しない会話ができれば、彼氏や夫のいる子でも、たやすくお持ち帰りができます。

9　ナンパにおける「つるみの法則」とは

ビジネス等で有名な「つるみの法則」

「つるみの法則」って、知っていますか？　これは、ビジネス等をやっている方は、ご存知の方も多いと思います。

「自分とつるんでいる3人の平均が自分自身である」という法則です。

つまり、「類は友を呼ぶ」ということでしょうか。自分を知りたければ、自分とつるんでいる3人の平均を取れば、それが自分自身であるということなのです。

いやいや、自分とつるんでいる連中と、自分を一緒にするな、という意見が聞こえてきそうですが、敢えていいます。自分とつるんでいる人間と自分とはレベルが違うと思っていたら、それは、自分が気づいていないだけです。

特に、例として挙げられるのは、「収入」です。自分とつるんでいる3人の収入の平均が、自分自身の収入であると。これは、かなり的を得ているように思います。人間は、同じレベルの人間を引き寄せる性質があるようなのです。

誠実系ナンパ塾で起こっていたこと

ナンパにおいても、これと同じことが言えます。私を例にとりましょう。

私は、以前、誠実系のナンパ塾にいました。このとき、私は、誠実系ナンパ塾の方と一緒にナンパをしていたのです。合流することは、それなりに楽しかったので、いつも合流してナンパを行っていました。誠実系ナンパは、おっさんには成果が出ません。そんな中でも、いつか成果が出ることを期待して、ナンパを続けていたのでした。

そんな中、あることがきっかけで、非誠実系ナンパを知ることになります。このナンパは、誠実系ナンパとは全く逆の方法だったのです。でも、おっさんが成果を出すには、この方法しかないと思っていました。そこで、誠実系ナンパから非誠実系ナンパへと切り替えることにしたのです。

しかし、今までの交友関係は捨てがたかったので、ナンパをするときは、相変わらず、誠実系ナンパ塾のメンバーと行っていました。

ここで、問題が起きてきました。一緒にナンパをしていると、やはり、誠実系の影響を受けてしまうのです。もともと、私は誠実系ナンパをしていたので、どうしても、もとのやり方に戻り勝ちになります。せっかく非誠実系を習ったのに、実際の場面だと、誠実系の癖が出てしまいます。

ナンパで「つるみの法則」を実行したら……

そのときです、非誠実系ナンパを教えてくれた、師匠が言ったのです。

「もう、誠実系ナンパをやっている連中と関わるのをやめたらどうか」。

そのときは、なんて残酷な人だと思いました。誠実系ナンパで築いた人間関係は、とても大切なものに思えたからです。でも、師匠の言う通り、それまでの人間関係にピリオドを打ち、私は以前の仲間との交友関係を切っていきました。

最初は、私は孤独になりました。この孤独に耐えられなくなり、以前の仲間とつるみたくなる衝動に駆られました。でも、そこは我慢して、必死で孤独に耐えました。

そしたらです。ついに、ナンパで成果が出始めたのです。私がお持ち帰りしたいと思っていた、若くて可愛い子です。これには驚きました。師匠の言っていたことは本当だったのです。まさに、「つるみの法則」を実感した瞬間でした。

このあと、師匠の導きで、非誠実系ナンパをやっている方と連絡を取り、同じ方法でナンパをやっている方とつるむようになりました。ここからは、私の成果は一挙に爆発します。もしも、師匠の言うとおりにせず、以前の人間関係を切らずにいたら、成果の出ない自分でいたと思います。

自分のステージを上げるには、目指すステージにいる人とつるむこと。これが本当に大事だと実感することができました。

もしも、今ナンパをしている方で、成果が思うように出ていない方がいるとしたら、あなた自身ではなく、あなたとつるんでいる方々に原因がある場合があります。自分とつるんでいる人の方法をチェックしてみましょう。

もしかしたら、誠実系ナンパかもしれません。だったら、人間関係を変えることを考えていきましょう。ぜひ、非誠実系ナンパを行っている方とつるんでいくことをおすすめします。これだけで、あなたのナンパ成果は、劇的に変わる可能性があります。

10　ナンパで凄腕になるために必要な要素とは

ナンパ界に存在する「凄腕ナンパ師」

ナンパの世界では、成果を出しながらも、ある程度のところで満足していくタイプと、成果を出してもさらに貪欲に活動していき、いわゆる「凄腕」と呼ばれるところまでいく人がいます。何を隠そう、この私も、人並みの成果では満足できず、さらに上を目指した人間です。だからこそ、今はナンパ講師という立場にいるのですが。

今回の話は、凄腕になるのがよいという話ではありません。ナンパは、成果を出すことは大事ですが、何十人・何百人とお持ち帰りの数を重ねることに本質はないと思っています。

例えば、数人お持ち帰りをして、その中に理想の子がいたから結婚し、ナンパを引退するという流れも、私は素晴らしいと思っています。

凄腕ナンパ師はもともとモテ要素が強い？

では、数人、十数人お持ち帰りをしてもナンパを辞める気はなく、次々と成果を出していく人になるにはどんな要素が絡むのでしょうか？　ナンパに対する意識の高さの差でしょうか？

私から見ると、既婚者のナンパ師の方は、凄腕レベルまでナンパをする人は少ないように思います。凄腕レベルまでいく人は、圧倒的に未婚者が多いです。既婚者は、適当な遊び相手が見つかれば、それで満足する場合が多いのが特徴です。あと凄腕になるためには、四六時中、ナンパをすることが必要ですから、家庭を持っている関係上、そこまで時間が取れないということもあります。

ナンパで凄腕になる要素といえば、私たちが考えそうなことは、「モテる」、「女受けがよい」「コミュニケーション能力が高い」、「ルックスがよい」などが思い浮かびますが、実は、全然そうではありません。実際、この私も、全くこの要素には当てはまらない人間です。

では、ナンパで凄腕になる要素とは、いったい何でしょうか？

凄腕ナンパ師の適性は「コンプレックスの強さ」

実は、ナンパで凄腕になる要素は、モテるとかコミュ力が高いなどとは逆の要素なのです。

ズバリ、「コンプレックスが半端なく強い」ということなのです。

では、なぜ、コンプレックスが強い人ほど、凄腕になる要素があるのでしょうか？　それは、物事の行動量に、コンプレックスが大きく影響するのです。もともと、モテる人は、ナンパをしていても、ある程度の成果が出れば、満足してしまいます。もともと、モテたい欲求が強くないので、少しの成果で満足してしまうのです。だから、凄腕になるまで行動することがない。

一方、長い間モテないコンプレックスを抱いていた人はどうでしょう？　このような人は、若いときから、ずっとモテない人生を歩んできています。周りの友人などが彼女をつくっていく中、自分だけは彼女ができない。そんな寂しい青春時代を送っている人が多いです。この私も、まさにその1人で、友人にみな彼女がいる中で、私だけがいない状況を、若いときにずっと味わってきました。

モテない時期が長ければ長いほど、モテたい欲求のマグマは巨大化しています。モテない時期に発散できなかった欲望は、恐ろしく巨大化して、自分の潜在意識の中にくすぶっているのです。

この巨大化したコンプレックスの塊を、解消するのは、容易なことではありません。仮にナンパで成果が出て、数人の女子をお持ち帰りできても、自分では満足できないのです。

これは、どんな世界でも言えるのではないでしょうか？　コンプレックスが大きければ大きいほど、普通の成果では満足せず、より大きな成果を求めるようになる。

ある凄腕ナンパ師の名言

あるナンパ本を書いている、有名なナンパ師の方が放った言葉が、私には強烈に刺さりました。それは、「青春時代での1ゲットは、歳をとってからの１０００ゲットに値する」と。つまり、青春時代にモテなくて、１人も女性を抱けなかったコンプレックスは、歳をとってから１０００人の女を抱かなければ、解消されないということです。

これは、若い頃に、そこそこモテた人にとっては、とうていわからないことだと思います。青春時代の1ゲットも、歳をとってからの1ゲットも、おなじ1ゲットではないかと。ゲット自体は同じですが、自分自身に与える影響力が、１０００倍も違うということなのです。

青春時代に彼女ができなくて、寂しい青春時代を過ごした経験は、ずっと心の奥底にくすぶっており、簡単には解消されません。その深刻さがいかにすごいものか、わかるのではないでしょうか？

11　ナンパでお持ち帰りしやすい女子の特徴とは

お持ち帰りしやすい子とはどんな女子か？

「お持ち帰りしやすい子の特徴って何ですか？」

この質問は、ナンパ講師をしていると、大変によくいただくものです。ナンパをするなら、やはりお持ち帰りしやすい子を狙いたいというのは、特に、初心者のうちには関心があるのでしょう。

私は、逆にこうした子には興味がないのですが、初心者の頃は、とても関心がありました。

ナンパをしていると、たしかにお持ち帰りしやすい子というのは、存在します。ナンパ用語では、このような子のことを、「即系女子」あるいは「即系」といいます。ナンパ師の中では、このような即系女子ばかりを狙っている方法を行っている方もおり、この方法を、「即系狙い」といいます。

即系狙いのナンパ師は、意外に多く、ナンパ全体の2割くらいを占めていると思われます。こうした即系狙いのナンパ師は、即系を見抜く能力が卓越しており、数多くの通行人の中から、こうした女子を見つけ出し、声をかけていきます。

お持ち帰りしやすい女子の外見的特徴とは

では、即系女子の特徴とは、どんなものでしょうか？

最初は外見的特徴から挙げていきたいと思います。

まず、ズレたファッションです。これは、何がズレているのかは、難しい部分があるのですが、街を歩いている服装をみると、やや違和感のある服装をしている場合があります。トレンドからはやや遅れているのを平気で着ていたり、年齢にそぐわない服装をしている場合もあります。

あとは、バッグの口が大きく開いている子です。これは、バッグの中の整理がうまくできていない場合があります。即系女子は、整理整頓が苦手という子は多いです。

さらに、プリンの髪です。プリンというのは、基本的に茶髪なのですが、頭頂部だけが地毛の黒髪になっている場合をいいます。これは、自己管理ができていない、だらしない要素とされていま す。普通は、頭頂部が黒くなってきた時点で、染め直すということをするのですが、管理ができていないので、ついつい染め直すのを忘れてしまい、プリンになっているということです。

あとは靴が汚いのも有名です。ファッションがいまいちでも、靴くらいは気にかけるのが、平均的な女子です。その靴さえも気にかけないのは、普通の女子ではないということなのでしょう。

お持ち帰りしやすい女子と話したときの特徴とは

あとは、実際に声かけをしたときにわかる、即系の要素もあります。それは、「必要以上に、自分のことを話す」です。普通は、街で声をかけてきた怪しい男に、自分のことはあまり話さないものです。でも、そうではなく、話してしまう。

特にわかりやすいのが、個人情報を自分から話すという子です。聞いてもないのに、年齢や住んでいる場所、職業などを話してきます。このような、警戒心が明らかに薄い子は、即系女子の可能性が高いです。

さらに、即系女子の話したときにわかる特徴として、「自己主張が薄い」ということがあります。自分の個人情報はよく話すにも関わらず、自分の主張があまりありません。自我が薄いと言ってもよいかもしれません。特に、こちらの依頼に対して従順な子が多いのが特徴です。

普通、連れ出しを打診した場面や、スキンシップをした場面では、拒否されたり、自分なりのルール（出会ったばかりの人とは男女の関係にならないなど）を主張されることが少なくありませんが、そのようなことが少ないのです。いわゆる、「流されやすい」性質です。

この流されやすい性質こそが、即系の特徴であり、だからこそ、ナンパ初心者でもお持ち帰りができるのです。ナンパでは、様々な場面で相手に依頼をすることがありますので、よく相手を観察することが大切です。

お持ち帰りしやすい女子の攻略法とは

即系女子の攻略法は、誠実系ナンパや非誠実系ナンパとは、違った方法です。基本的には、いきなり、個室に連れ出します。

普通の女子は、警戒心があるので、簡単に個室には連れ出せません。しかし、即系女子は、警戒心が薄いので、話が盛り上がっていれば、かなり簡単にカラオケなどの個室に連れ出すことができます。個室に連れ出せれば、そのまま、スキンシップをしていくのです。

あと、即系女子は、成育歴があまりよくありません。特に、親の愛情を十分に受けていない場合が多く、セルフイメージが低い子が多いです。

このようなセルフイメージの低い子は、自分に自信がありません。こうした子と話すときには、あまりけなしたりせず、褒めていきましょう。承認欲求を満たしてあげるような話し方をすることが大切になります。

第5章　ナンパ声かけの実際

1　ナンパの最初の入り方は

昔からある何もひねりのないナンパ

さあ、実際に街に出て、路上で声をかけるとしましょう。あなたは、どんな言葉で声をかけますか？

実は、声かけの言葉は、様々なものがあり、いわゆる「テンプレート」のようなものがネットなどには転がっています。そして、どの言葉がよいのか、わからないのが実情ではないでしょうか？

私も、ナンパを始めたての頃は、様々な入り方を試してみたものです。

ナンパをやったことがない方に、ナンパってどうやって声をかけると思いますか？　と質問すると、たいてい、この答えが返ってくるものがあります。それが、「こんにちは、どこにいくの？」とか「こんにちは、いまヒマですか？」などの何のひねりもない声かけです。この声かけは、誰にでも簡単に言うことができ、実際にこのセリフで声をかけている人も多いです。しかし、これは、あまりに内容がないので、相手の女子が反応してくれることは極めて稀です。

あと、この声かけのよくないところは、いわゆる「キャッチ」や「スカウト」と思われることです。彼らはたいてい、このような声かけをしてきますから、てっきり女性はナンパだと思わず、そうした「勧誘」だと思ってしまい、心をシャットアウトしてしまいます。

私が今まで接してきた女性から話を聞くと、このようなベタな声かけをしてくる人は、かなりの数にのぼるようです。もしも、あなたがこのような声かけをしているならば、早急に改善したほうがよいかと思います。

ナンパと思われない「道聞きナンパ」

ナンパ初心者がよくやるのは、「道聞きナンパ」というものです。これは、あたかも道に迷っているふりをして、実際に道を聞きます。相手の女子は、道を聞いたのならと思って、普段はナンパなどに無視をしている子も、親切に答えてくれたりします。その親切に乗じて、お礼にお茶でもと、ナンパにしていきます。

問題は、ここからです。相手の子は、道を聞いてきたと思って答えてあげたのに、ナンパということがわかった途端、裏切られた気分になります。それまで親切に答えていた子が、一瞬で態度が変わるのは、このためです。

この道聞きナンパは、誰でも簡単にできる一方で、このナンパに切り替わったところの態度急変に対応できるトークが必要になります。初心者向きに見えて、実際はなかなか難しいナンパなのです。

広く行われている「誠実系ナンパ」

いわゆる、「誠実系ナンパ」の入り方があります。これは、最も広く行われているナンパの入り方です。「さっきすれ違ったのですが、タイプだったので声をかけました」などと言って、相手を褒めていくナンパです。実際、以前私が在籍して、RK塾でも、この声かけをやっていました。

現在、YouTuberとして世の中を席捲している、「N星マインド」という方法も、まさに誠実系ナンパです。

この方法も、誰にでもできるという利点があります。しかし、なんのひねりもなく、つまらない声かけです。さらに、相手を褒めて入っている時点で、特に可愛い子からは「格下認定」をくらいます。格下と思われてしまったら、もうその女子をお持ち帰りすることはできません。

このような、色恋を入れる声かけをする方は、ナンパをされる方の大多数を占めますが、特におっさんがこの声かけをすると、相手に気持ち悪く思われ、成果を出すのは極めて難しいと言えます。

有名な「ドロップ系」声かけ

いわゆる、ナンパらしさを出さない声かけがあります。

有名なのは、じゃがりこなどを、「これ落としました」などと言って、自前のものを相手に見せる方法です。これは、本当に落としたのかもしれないと相手が思い込むことがあるので、反応は取りやすいといえます。

しかも、落としたものが、「じゃがりこ」などのユニークなものの場合、それだけで反応が取れることがあります。ただ、この一瞬に反応を取ったとしても、その後のトークをいかに盛り上げるかが大変であり、たいていの方は盛り上げるどころか、盛り下がってしまい、相手に逃げられてしまいます。

もちろん、ナンパ上級者になれば、トーク力が高いので、こうしたナンパらしさを出さない方法は人気があります。

しかし、初心者が上級者の真似をして、この声かけをしても、全くうまくいきません。

私の周囲にも、有名なナンパ教材の真似をして、このドロップ系ナンパをやっている人がいましたが、全く成果が出ていませんでした。

2 「ガンシカ」にどう対処したらよいか

ガンシカはナンパ撤退の原因になる

特に、東京などの大都市でナンパをしていると、多くの女子が無視を決め込んできます。ナンパ用語では、この無視のことを、「ガンシカ」と呼んでいます。

ナンパを普段やっている方で、このガンシカの経験がない人は、いないのではないでしょうか？

そのくらい、ナンパでのガンシカはありふれたものであり、だからこそ、ナンパは最初が難しいと言われることころでもあります。

毎年、多くの方がナンパに参入してきますが、その大部分が1年以内に挫折します。その最も大きな症状が、ナンパできないという「地蔵」であり、その地蔵をつくり出す1つの原因になっているのが、このガンシカといってもよいかと思います。

どんな人でも、声をかけたときに無視されれば、よい気はしません。特にナンパを始めたばかりの人は、自分を否定されたような気持ちになり、大きく落ち込む人も少なくありません。勇気を出して街で声をかけたのも束の間、この無視を連発されることにより、ナンパのモチベーションが下がり、街から引き揚げてしまう人も多いです。

どんなにナンパが上達しても、このガンシカを防ぐのは不可能です。事実、ナンパ講師となった私でも、ナンパすれば普通にガンシカされます。ただ、中にはガンシカしない女子もいるという話です。

ガンシカの原因とは

では、なぜガンシカされるのでしょうか?

それは、実は街の様子に大きく関係します。例えば私が、渋谷、新宿、池袋でナンパをすれば、ガンシカは多いでしょうが、有楽町などでナンパをすれば、ガンシカは減ります。さらに、地方都市でナンパをすれば、むしろガンシカする人のほうが少ないかもしれません。

なぜ、場所によってガンシカされる度合いが変わるのでしょうか?

それは、ズバリ、街にいる「キャッチ」「スカウト」などの勧誘の数です。渋谷などの大都市は、街を歩けば多くの勧誘に遭遇します。特に、可愛い女子が街を歩いただけで、次々と勧誘者が声をかけてきます。

女子がこれらの勧誘にいちいち付き合っていたら、疲れて心が折れてしまいます。そうしたことを避けるために、大都市を歩く際には、最初から声をかけてくる男子には無視すると決めるのです。

ナンパする側から見ると、厳しいように見えますが、女子の側からみると、必要だからやっているに過ぎないのです。

ガンシカはある程度は防げる

このガンシカは、ある程度は防ぐことができます。同じ渋谷でナンパをしても、ある人はガンシカばかりでも、またある人は、それほどガンシカを受けなかったりします。それは、どうしてでしょうか？

このガンシカにも、キャッチが多い以外の原因があるのです。それは、声かけする瞬間の入り方です。相手にどのように声をかけるかによって、ある程度ガンシカの率は変わってくるのです。

例えば、私の運営しているナンパ塾に入ったばかりの塾生は、非常にガンシカが多かったのですが、入塾してしばらく経つと、ガンシカされにくくなってきます。それは、入り方を改善したからです。

では、ガンシカされにくい入り方とは、どんなものなのでしょうか？

まず、相手との距離感です。女子は、いきなり自分の近くに来る人を嫌悪する傾向があります。これは、人間には「パーソナルスペース」というものが存在しており、その中にいきなり入ってくる人間を心理的に拒否する傾向があるのです。ということは、いきなり相手の近くで声をかけるのではなく、一定の距離を保ちながら声かけをしたほうがよいことになります。

さらに、「アイコンタクト」と呼ばれるものがあります。これは、声をかける瞬間に、相手の目をしっかりと見て声をかけるというものです。何かを話すときには、相手の目をみて話すことは、コミュニケーションの基本ですが、ナンパでもこれは同じなのです。

そして、最後は、「発声」です。よく、声をかけるときに、小声で声をかける人がいますが、これは雑踏では聞こえにくいだけでなく、自分に自信がない人に見えます。

このような自信なさげな態度は、ナンパでは成果が出ないことに直結します。女子も、自信がなさそうな男子に魅力を感じません。

いわゆる「ガンシカ崩し」は使えるか？

よく、インターネットなどに、「ガンシカ崩し」というものが載っています。ガンシカされたら、このフレーズを言えば、ガンシカは崩れるというフレーズです。確かに、ガンシカ崩しは、ユニークなフレーズなどが載っており、有効ではないかと思うのも無理はありません。

しかし、実際にガンシカしてきた子にこのフレーズを言っても、ほとんどのガンシカは崩れません。なぜでしょうか？

そもそも、ガンシカする子は、どんな人が声をかけてきても、無視すると決め込んでいるので、それがユニークな言葉であったにせよ、無視する方針を変更するまではないのです。無視を外せば、相手の思うつぼなので、簡単にはガンシカを崩すことはないのです。

ガンシカ対策はあるか？

では、ガンシカされたら、もう打つ手はないのでしょうか？

すべてのガンシカを崩すことは不可能です。ガンシカを決め込んでいる子は、もう何をしても崩れないと思ったほうがよいかと思います。ただ、そこまで無視を決め込んでない子に対しては、こちらの対処次第では、崩せる可能性はあります。

では、ガンシカを崩せる可能性は、どのような対処をした場合なのでしょうか？

それは、フレーズに頼らず、ガンシカを「真に受けない」態度で接することができた場合です。言葉で崩すのではなく、態度で崩すのです。ガンシカされたときに、最もまずい対応は、こちらがダメージを受けたことが伝わることです。まさに、ガンシカする子の思うつぼですね。

しかし、ガンシカされた男子が、全くノーダメージであったらどうでしょう？

これは、女子にとって、当てが外れたことになります。相手がノーダメージであることに、女子はダメージを受けるのです。こちらが全くのノーダメージで、何もなかったように声かけを続ければ、それが女子には意外に映り、思わずガンシカを解くことになるのです。
まさに、ガンシカは「マインドで崩す」ということですね。

3　相手の「共有スペース」を指摘する

「共有スペース」とは

ナンパでは、最初に何かセリフを言ったとき、何らかの反応をもらったとしましょう。それは、大変によい兆候です。

しかし、放っておくと、その反応もすぐになくなり逃げられてしまいます。ここで、大切なのは、せっかくもらった反応を消してしまうことなく、どんどん大きくしていくことが大切になります。

このときにとても便利なものが、「共有スペース」というものです。この共有スペースとは、ナンパ用語で、相手の女子に関するすべてのものをいいます。特にナンパで使いやすい共有スペースは、「持ち物」「服装」「髪型」などです。

注意してほしいのは、あくまでも相手に関係するものであり、相手そのものではありません。

容姿は共有スペースではないので、気を付けてください。共有スペースでなく、容姿を指摘してしまうと、あからさまに下心を出すことになり、逃げられることが多くなります。

この共有スペースは、どんな女子にも必ずあります。特に、持ち物は共有スペースとして大変に扱いやすく、初心者向けだといえます。どんな女子でも、全く持ち物がない人は少ないはずです。特におすすめの持ち物は、「バッグ」や「リュック」、そして「買い物袋」です。たいていの子は、このあたりを持っているのではないでしょうか。

そしてら、最初のセリフののち、この持ち物を指摘すればよいのです。

女子は自分にしか興味がない

では、なぜ共有スペースを指摘することが、ナンパでは大切なのでしょう?

それは、共有スペースは、女子に直接関係するものだからです。女子という生き物は、基本的に自分にしか興味がない生き物なのです。相手のことを話されても、あまり関心がないので、反応を大きくしていくことは難しいです。

一方、女子に直接関係するものであれば、自分自身のことなので、ついつい反応してしまうというわけです。例えば、バッグであれば、そのバッグは基本的にその女子のお気に入りであるでしょう。だからそのバッグを買ったのです。そこで、「そのバッグ素敵ですね」と指摘すれば、間接的に自分が褒められた気がして、反応してしまうのです。

何回も言いますが、ここで、直接相手の容姿を指摘するのはダメです。特に相手を褒める際には、直接相手を褒めるのはなく、持ち物などから間接的に相手を褒めるのです。このほうが、下心なく伝わり、好印象を持たれやすいのです。

4　相手の反応を拾うことが大切

反応を拾うことはコミュニケーションの基本

ナンパでは、こちらが何かを言った場合、何らかの反応が返ってくることがあります。これをどんどん大きくしていくことが必要です。その際に、「共有スペース」を指摘することは大事なのですが、もっと大切なことがあります。それは、「相手の反応を拾う」ということです。

ナンパを頑張ってやっているが、なかなか成果が出ない。つまり、連れ出しやLINEゲットができないという方は、このことができていないことが圧倒的に多いです。逆に、これさえしっかりできれば、飛躍的に成果が出ることがあります。そのくらい、相手の反応を拾うことは大切であり、ナンパの本質でもあるのです。

そもそも、ナンパに限らず、相手の言っていることを拾っていくことは、コミュニケーションの基本です。女子との会話が今一つ盛り上がらないという方の多くは、この反応を拾えてないことが圧倒的に多いのです。

実際のナンパでの会話例

例えば、こんな会話例を挙げていきます。

男「これからどこに行くんですか？」

女「友達と会います」

男「私も友達と待ち合わせていて、もう近くに来ているんです」

この会話をどう思いますか？

一見すると、普通の会話のように思えますが、致命的なミスを犯してしまっています。

それが、相手の反応が拾えていないことなのです。

ここで、女子は、友達と会うと言っているのに、そのことについては言及せず、自分の友達の話にすり替えてしまっています。これでは、相手の反応を拾ったとはいえないのです。

特にナンパでは、相手のことに興味などないので、相手の友達の話をされても関心がなく、会話は終わってしまいます。もしも、あなたがこのような会話をしているとしたら、改善の余地があると思います。

では、相手の反応を拾う会話とはどんなものなのでしょうか？

それは女子が「友達と会います」と言ったときに、自分の話にすり替えるのはなく、

「いつも遊んでいる友達ですか？」とか「腐れ縁の友達ですか？」など、しっかり女子の友達のことについて言及する必要があるというわけです。

そうすれば、「はい、いつも遊んでいます」とか「中学時代からの腐れ縁です」などの反応が返ってきやすくなります。

会話は常に相手軸でする

女子との会話は、常に相手軸で会話をしていくことが大切です。よく相手がせっかく話したことに対して、自分のことにすり替えてしまうと、会話は盛り上がりません。自分の話をして盛り上げているつもりかもしれませんが、それは大きな勘違いです。

女子は、基本的に自分のことにしか興味がないので、自分のことを話題にしてほしいのです。それを知らずに会話をしても、どんどん女子の望んでいる会話とはズレていってしまうのです。

よくお見合いやデートなどで、会話が盛り上がったはずなのに、相手に切られてしまったと嘆く方が多くいます。その多くの場合は、相手軸の会話ができていない場合がほとんどです。

「自分のウケる話をしたから盛り上がるだろう」と思って会話しているのかもしれませんが、それこそが女子に好意を持たれない原因なのです。どんなに面白いネタ話であったとしても、自分の話ばかりしていては、女子はうんざりしてしまいます。

5　打診は一辺倒にしない

よくやる打診でのミス

女子と話が盛り上がって、いよいよカフェや居酒屋に連れ出しができるかもしれない展開になってきました。

ここで、ナンパする側に必要なのは、「打診」です。つまり、これからカフェや居酒屋で飲もうなどと誘うことです。この打診を通すことが、ナンパの最初のハードルになってきます。

このときに、最も多くの人が犯す失敗は、「打診ばかりしてしまう」ということです。それまで会話をうまく盛り上げていたにも関わらず、いざ打診となると、打診ばかりになり、相手の女子はうんざりしてしまいます。

それまで会話が盛り上がっていたのに、会話は急につまらなくなり、相手の女子も疲れてきます。こうなってしまうと、せっかく会話が盛り上がっても、打診は通らなくなってしまいます。

打診では、どうしたらよいのでしょうか？

それは、打診一辺倒にせず、打診でもさらに会話を盛り上げる意識を持つことです。女子は、打診されたとき、この男子について行って果たして楽しい時間が送れるかどうかを考えます。その判断材料になるのが、まさに打診時なのです。

相手が判断するときに、会話がつまらなくなったら、判断は当然、拒否になるでしょう。お茶に付き合うと判断するためには、この打診時にこそ、相手を楽しませることが必須になってきます。

「グダ」をユニークに崩す

打診のときは、当然ながら、相手から拒否が来ます。この拒否のことを、ナンパ用語で「グダ」といいます。打診を通していくには、このグダを崩していく必要があるのです。

多くのナンパする方がやってしまうミスは、このグダに対して、真に受けて対処してしまうことです。つまり、そのグダを説得したりして崩そうとしてしまうのです。説得ほど、相手が疲れることはありません。説得すればするほど、相手の気持ちは離れていく一方なのです。

では、どうしたらよいのでしょう？　それは、グダを真に受けず、ユニークに切り返すことです。このユニークな切り返しのことを、ナンパ用語で、「グダ崩し」といいます。グダがきたら、ユニークにグダ崩しをしていけば、グダは崩れる可能性があるのです。

女「帰ります」ときたら、「そこを何とか」と食い下がるのではなく、
男「帰らないと、お母さんに殴られる感じですか」とユニークに切り返していくわけです。

どう相手のグダを崩すかで、打診が通るか否かが決まるといってもよいくらいなので、特に打診時には意識したいところです。

6　店内ナンパの声かけ方法

「店内ナンパ」とは

路上ではなく、店内で声をかけるナンパを「店内ナンパ」といいます。普通、ナンパというと、路上での声かけを想像する方が多いと思いますが、知らない女子に声をかけることはすべてナンパですから、店内でのナンパも立派なナンパです。

私が店内ナンパを多く行ったのは、まだ上京する前、地方にいたときです。地方都市は、たとえ駅前であっても、あまり人がいません。では、地方では、どこに人が多くいるかというと、ショッピングモールなどの店内です。地方はクルマ社会なので、移動はクルマで行われ、買い物も駐車場が整備された場所になるのです。こうして、地方で若い女子を狙おうとすれば、自然に店内での声かけになったというわけです。

当塾には地方の方が大勢いて、彼らの中にはもっぱら店内で声かけしている人もいます。

では、都会では店内ナンパをする必要はないのでしょうか？　実は、悪天候のときなどは、店内ナンパのチャンスです。悪天候のときは、無理して路上で声かけするよりも、店内でのナンパに切り替えることも考えてよいと思います。あとは夏の暑いとき、冬の寒いときなど、屋外が厳しいときは、いずれも店内ナンパのチャンスになります。

店内ナンパのメリットとは

店内ナンパの利点とは、どんなことでしょうか？　店内ナンパは、大きな利点があります。

１つは、自然に声かけできるので、あまりナンパだと思われないことです。路上で声を掛けると、いかにもナンパだという感じになり、相手も警戒してきます。だから路上は無視や冷たい反応が多いのです。

一方、店内だと、同じ買い物客で、たまたま居合わせた感を出すことができます。この感じを出せると、相手の警戒心があまりない状態で声かけすることができます。店内は、路上とは比べ物にならないほど反応がよいのは、このためです。

もう1つは、近くにカフェがある場合が多いことです。ショッピングモールはもちろん、他の店でも、近くにカフェがある場合が多いです。店内でも路上でも、声をかけたら、まず、カフェ連れ出しを目標にします。

このとき、カフェが近くにあれば、お茶に誘いやすくなります。カフェやホテルに誘うとき、導線確保は、極めて大事です。カフェまでの導線があるというのは、ナンパにおいて、極めて有利なのです。

店内ナンパに適した場所とは

では、店内ナンパに適した場所とはどんなところでしょう?

まず、言わずと知れた、ショッピングモールです。地方での買い物は、クルマ社会なので、駐車場整備が必須になります。その点、ショッピングモールは、巨大な駐車場を備えているところが多く、買い物客の標的になります。

また、ショッピングモールは、店の種類も多いので、ここだけで買い物を完結することができるのが、大きな魅力です。もちろん、カフェがある場合も多いので、連れ出し場所には困りません。

次にCD、DVDなどのレンタルショップです。最近は、ネット配信を使う人が増えたので、以前ほどではありませんが、レンタルショップは若い女子が多い店でもあります。自分が住んでいる都市のどのあたりにこうした店があるか、チェックしておきましょう。

次に、意外に使えるのが、本屋です。本屋にも、若い女子は多くいます。特に、ファッション系やメディア、音楽、映画、料理系の本のコーナーは、女子が多いです。全体的に静かな雰囲気なので、あまり大声は出せませんが、店内ナンパに適した場所であることは確かです。

店内ナンパでの声かけの方法とは

では、実際に、どのように声かけをすればよいのでしょうか？　店内は、路上と違って、あまりナンパらしさを出さないほうがよいです。つまり、たまたま売り場に居合わせた人という演出をするのです。こうすれば、自然さを演出でき、相手に警戒されないまま会話を進めることができます。

最初の話しかけ方ですが、ターゲットとなる女子は、何かを選んでいる場合が多いと思うので、ここからどう話しかけるかをお伝えします。

例えば、ターゲットが映画のＤＶＤを選んでいるとしましょう？　そしたら、ちょうど自分もＤＶＤを借りに来たことにします。ターゲットが選んでいるＤＶＤに関して、自分も関心があることにするのです。そして、「その映画って、面白いですか？」と話しかけるのです。

「自分もちょうどその映画を見ようと思って来たんですけど、面白いかどうか、よくわからなかったので」と、なぜ声をかけたかを説明します。こうして、なぜ自分が声をかけられたのかを理解できると、そのまま会話をしてくれることも多いです。

あとは、その映画の話をしながら、よくこの店に来るのか、これからどうする予定なのかを聞き、「せっかく話の合う人に会ったので、もう少し近くのカフェで話そうよ」と連れ出しを狙っていきます。

店内ナンパでの連れ出した後の展開

店内ナンパで連れ出した後は、近くのカフェでの会話になります。このカフェでの会話は、先程、店内でターゲットが探していたものを中心に会話をするとよいでしょう。そもそも、相手はそれを目当てに店に行ったのであり、関心が高いはずです。探していたものに関する会話は、相手は喜んで会話をしてくれる場合が多いと思います。

会話が盛り上がってきたら、今度は、相手の身の上話をしていきましょう。探していたものの話題から、徐々に相手自身の話へとシフトしていきます。そして、「感情を揺らす会話」をしながら、こちらに興味を持たせていきます。これからの展開は、次章、「連れ出しからホテルへの流れ」につながります。

特に地方での商業施設でナンパをした場合は、お互い、クルマで店に来ていると思いますので、まずは、自分のクルマに相手を誘導します。ドライブがてらに景色のよい場所に連れていき、そこでスキンシップをしながら距離を縮め、そのままクルマでホテルインを果たせばよいでしょう。

第6章　「連れ出し」後からホテルまでの流れ

1　連れ出し直後から始まること

連れ出し確定から店へ誘導

路上でナンパをして、会話が盛り上がり、カフェや居酒屋などの打診が通ったとしましょう。これで、いよいよ「連れ出し」が確定します。ナンパでは、まずこの連れ出しをすることが最初の目標になります。連れ出しができれば、お持ち帰りまで、一歩近づくわけです。

連れ出しが確定したとき、まずやることはどんなことでしょうか？

それは、近くの店に誘導することですね。

路上ナンパをするときには、必ず、現在ナンパしている場所から至近距離にあるカフェや居酒屋をピックアップしておきます。何事も準備が大切です。この準備を怠ると、いざ連れ出しが確定しても、エスコートがしどろもどろになり、途中で逃げられてしまうことも起こります。

女子は、スマートにエスコートされることを望んでおり、ここで迷ったりしていると、一挙に気分が下がってしまいます。

近くの店がわかったら、いち早く店に誘導します。誘導する間も、相手の女子と会話をすることを忘れてはいけません。このように、路上から店などへと、場所が変わることを、「シーン移動」といいます。シーン移動のときに、テンションを保つためにする会話を「テンション維持トーク」

といいます。

連れ出しが確定してから、店に誘導するまで、やや距離があるときは、このテンション維持トークをする必要があります。ここで、無言になってしまうと、相手のテンションが下がり、店に入る前に帰られてしまうことも起こります。

店に入って最初にすることは

店に無事に入ったとしましょう。ここで、行うのは、席の確保と注文です。私が普段連れ出すのは、チェーン店系のカフェが多く、その場合、先に注文をしてから中に入ることになります。一緒に会計に並ぶ場合は、やはりテンション維持トークが必要になります。この場合のテンション維持トークは、店内のものを話題にすればよいかと思います。

また、店内が混んでいる場合は、相手の子に、先に席を取っておくように伝えましょう。たいていは、快く席を取っておいてくれます。そして、注文した飲み物を持って、取った席に向かえばよいのです。

この場合の席は、カフェの場合、ほとんどが対面席になると思います。非誠実系ナンパの方法では、ふつう、対面席で勝負することになります。なぜ対面席がよいのかというと、相手に下心を出さないためです。横並びなどを選択すると、それだけで下心を感じさせることになり、うまくいかない場合があるからです。

2　対峙会話が始まる

「対峙会話」とは

店に入って、席に座ると、いよいよ会話が始まります。この、店内での相手との一対一の会話を、「対峙会話」といいます。相手と対峙しているので、この名前があります。

ここで、気をつけなければならないのは、最初にテンションを下げないことです。連れ出されるまでの女子は、楽しい会話で盛り上がっているので、カフェでもきっと楽しませてくれるだろうという期待を持って入店します。その期待を裏切るようなことがあってはいけません。

よく連れ出しが決まると、それで安心してしまい、あとのテンションが下がる人がいますが、これは致命傷です。カフェに入って、相手のテンションが低かった場合、連れ出された女子は、すでに後悔が始まっているといってもよいと思います。

連れ出しがゴールなのではなく、むしろ連れ出しがスタートであるという意識が大切です。

対峙会話の目的とは

対峙会話の目的は、ズバリ、「相手との心理的距離を縮めること」です。よく、スキンシップなどをして物理的な距離を縮める方法もありますが、非誠実系ナンパでは、下心を出さないため、スキンシップはせず、あくまでも心理的距離を縮めていきます。もちろん、目標は、当日にお持ち帰りできる程度まで距離を縮めることです。

では、相手との距離を縮めるためにすることとは、何でしょうか？

それは、ただ会話をすることではありません。よく誠実系ナンパでは、連れ出したあと、ただ会話をすればよいと考えている人が多いですが、間違っています。距離を縮めるには、それなりのスキルがないとできません。

よく、「距離を縮めるためには、どんな話題の会話をしたらよいですか？」と聞かれますが、これもズレています。距離を縮めるためには、話題をどうするかではないのです。どんな話題で会話をするかではなく、どう会話をするかが重要なのです。

つまり、会話の中で、いかに「弄り・ふざけ」といった要素を入れていけるか、それこそが距離を縮めるためには重要な要素なのです。弄り・ふざけというのは、どんな話題であっても入れることができます。逆に、弄り・ふざけという要素がなければ、どんな話題であっても距離を縮められないのです。

相手との心理的距離を縮めるためには

相手との距離を会話で縮めるために最も大切なことは何でしょうか？

それは、「相手の感情を揺さぶること」です。

女子は感情の生き物なので、感情を操作しない限りは、自分のことを異性と認識してくれません。逆に、感情を揺さぶることができれば、自分のことを異性と認識してもらえるので、一挙に距離が縮まります。

そして、特に、若い美女は、簡単には感情が揺さぶられません。彼女らは、いつも男性にちやほやされ、大事にされているので、褒めたりしても全く感情が揺れないのです。むしろ、褒めれば褒めるほど、相手に媚びた形になり、挙句の果ては「格下認定」されて終わってしまいます。

格下認定されないためにも、相手に媚びない対応が大切になります。そこで、会話で大切になるのが、弄り・ふざけなのです。若くて可愛い子は、周囲の男性に褒められることは多々あっても、弄られたり、ふざけられたりすることは少ないのです。

自分が、弄り・ふざけというような対応をするだけで、媚びない対応になり、他の男性と差別化ができるのです。

3　対峙会話には様々なNGが存在する

女子は異性を「減点法」で採点する

では、女子は、異性を男としてありかを判定するとき、「加点法」ではなく、「減点法」で採点します。これはかなり有名な事実です。我々男子にとってはシビアな話ですが、女子と接していればいるほど、相手から好意が増すというわけではなく、むしろどんどん異性対象から外されていくことがあるということです。

その理由は、女子は言い寄ってくる男子から自分とセックスする人を慎重に「選ぶ」立場にいるからです。女性はセックスする相手を基本的に1人に絞らなければなりません。1人に絞る立場にいる側は、自然と減点法にならざるを得ません。その際に、加点法をとっていたら、いつまで経っても1人に絞れないことが起こります。

一方、男子の側は、相手の女性を1人に絞る必要はありません。相手さえ承諾してくれれば、いくらでもセックスする相手を増やすことができます。相手の何かがよいと思えば、すぐに加点して、どんどんセックスの対象にしてしまえばよいのです。

ここが、男子と女子の根本的な違いであり、まさに生物学的な違いから来ているといえましょう。

対峙会話でいかに減点を防ぐのか？

対峙会話をしていると、女子は相手のことをどんどん減点していきます。特にモテる女子であればあるほど、減点の基準は厳しくなります。会っている間、男子は常にこの減点に晒されるのです。そして、様々な減点に晒されてもなお、一定の得点を維持していれば、女子はその男子を異性として受け入れ、セックスの対象にするわけです。

ナンパでは、相手に会っている時間が数時間ですから、この間に、相手との心理的距離を縮める必要があります。そして、その数時間の間に減点に晒されるので、この間の減点をいかに少なく抑えるかが課題になります。

つまり、ナンパで即日お持ち帰りするには、会ってからの数時間の間に、いかに心理的距離を縮めながら、減点を抑えるかという、微妙なバランスの中で成立していることになります。このバランスが最大になるところが、若い美女をお持ち帰る方法になっているのです。

実際の対峙会話では何が減点されるのか？

では、若い美女は、どんな観点で相手の男子を減点しているのでしょう？

ここでは、減点となる要素を挙げていきます。この要素は、あくまで若い美女の場合であり、美女でない場合や、若くない女性の場合は、必ずしも当てはまるとは限りません。

まず、「口説く」ことです。これは、若い美女は、周囲の男子に口説かれまくっているので、そもそも口説かれることにうんざりしています。またおっさんが若い女性を口説くこと自体がキモく映り、大減点になってしまいます。

次に、「相手を褒めたり、大事に扱うこと」です。これも、若くて可愛い子は、普段から周囲にチヤホヤされまくっていますので、このようなことをしても1ミリも感情が動かないばかりか、つまらないと感じてしまい、相手の男子を雑魚扱いするようになります。

あとは、相手に触ること、つまり、「スキンシップ」をすることとです。これは、「下心」と映ってしまい、警戒心の強い女性には、大きな減点になります。

同じような理由で、「エロトーク」もそうです。巷の恋愛教材などに、エロトークをすればお持ち帰りができるなどと書かれているものがありますが、あれができるのは、いわゆる「軽い子」です。我々が狙うような、軽くない子は、かえって逆効果です。

さらに、「アルコール」も減点です。これも、実は「下心」に映ってしまうのです。「私を酔わせて何とかしようとしている」と思われ、警戒心の強い子は、それだけで拒否が出てしまいます。

最後に、「1時間半以上の会話」です。特に相手が可愛い子の場合、我々は楽しくて時の経つのを忘れ、何時間でも話していたくなりますが、相手の子はそうではありません。1時間も過ぎると、いい加減に飽きてきます。そんな中で会話を続行すると、どんどん雑魚として扱われます。

4　対峙会話は前半と後半で課題がある

対峙会話はわずか60分間

非誠実系ナンパの対峙会話は、なんと制限時間があります。それは、たったの60分。たったの60分で、会話を終わらせるのです。それは、なぜでしょうか？

理由は、まず長く話せば距離が縮まるどころか、相手は飽きてきて、かえってお持ち帰ることができなくなるということ。そして、このあと説明する、「焦燥感切り」というテクニックを使うためです。

この60分は、極めて科学的なものであり、実際に様々な時間で切って検証した結果、60分のときが最もお持ち帰れる確率が高いことがわかったからです。

対峙会話の前半での課題

では、この60分間は、何を話してもよいのでしょうか?

いや、違います。この60分こそ、相手を即日でお持ち帰りするために、高度に計算されたテクニックを使っていくのです。

対峙会話では、ざっくりと、前半と後半に分けます。前半と後半で、課題が違うのです。

前半の対峙会話の課題は、「言い合いの関係」です。これは何かというと、「弄り・弄られ」の関係を意味します。こちらから相手を弄るだけでなく、相手もこちらを弄ってくる関係です。このお互いに弄り会う関係は、傍から見ると、極めて距離が縮まった関係であり、カップルにしか見えない関係となります。つまり、周囲から見て、カップルと思われるような距離の縮まった関係を、60分間の前半で完成させてしまうのです。これは、かなり難易度が高いと言えます。

上手く相手のことを弄りながらも、自虐などを入れてフォローし、相手から弄りやすいように配慮することが大切です。こうして、互いに弄り合う関係を築いていくのです。

対峙会話の後半での課題

では、対峙会話の後半での課題は何でしょうか？

対峙会話の前半で、言い合いの関係を気づけたら、お互いの心理的距離は大きく縮まっています。相手の子は、「とても居心地がよい」と感じてくれています。ここまで打ち解けて、居心地がよいと女子が感じると、何が起こると思いますか？

それは女子が、「自分の深い話をする」ようになるのです。自分と大きく打ち解けた相手には、女子は、自然に自分から深い話をしたがるものなのです。この「深い」とは、どんなレベルの深さでしょうか？

それは、親しい人にも言わないレベルの話です。家族や友人、彼氏や夫などにも話さないレベルの深さです。こんな深いレベルの話をなぜしてくるのかというと、まずは、極めて短時間でここまで異性と打ち解ける経験をしていないので、「特別感」を感じているということが挙げられます。

さらに、相手は先ほど街で声をけられただけのナンパ師ですから、しがらみが一切ありません。つまり、他人に言えないような話をしても、相手の男子から周囲に漏れる心配がないからです。

こうして、打ち解けた女子は、自分の深い話をするようになります。我々男子は、相手の子の深い話を、ただ聞いていればよいのです。

ここで、注意することがあります。相手が深い話をしてきた場合、ただ聞くのであり、決して「アドバイス」をしてはいけません。女子という生き物は、自分の話に対して、アドバイスを望んでいるのではないのです。よく、女子から相談されると、ついついアドバイスをしてしまう男性がいますが、あれでは女子と距離を縮められません。気をつけてください。

では、相手の子が深い話をしているときは、どのように聞けばよいのでしょうか?

それは、「共感」しながら聞くことです。女子は、アドバイスがほしいのではなく、ただ共感してほしいのです。これをしっかり頭においておきましょう。

相手から出てくる「異性の話」への対処とは

こうして、深い話を聞いていると、女子からよく出てくる話があります。それは、「異性の話」です。つまり、彼氏や夫の話をよくしてくるのです。しかも、おのろけではなく、悪口が出てくることが多いです。

誠実系ナンパをしている方は、ここで大きなミスを犯します。誠実系ナンパは、色恋を入れていますから、相手の女子から彼氏などの悪口が出てくると、待ってましたとばかり、彼氏を否定して、僕と付き合おうなどと言います。しかし、実はこれこそが大きな落とし穴なのです。

では、なぜ相手の子の彼氏の悪口に同調してはダメなのでしょうか?

それは、相手の子の彼氏は、相手の子の価値観そのものだからです。たとえ、現在、彼氏とあまりうまくいっていなかったとしても、相手の子は、彼氏のことを好きになったから付き合ったのです。彼氏を否定することは、実は、間接的に相手の子を否定することにもなるのです。誠実系ナンパの方々は、このことに気づかず、大きな地雷を踏んでしまうのです。

では、相手の子が彼氏の悪口を言ってきた場合は、どうしたらよいのでしょうか？

それは、肯定も否定もせず、ただ淡々と聞くことです。私などは、あまりに彼氏の悪口がひどい場合は、むしろ彼氏の肩を持つこともあります。彼氏を肯定することは、相手の子を肯定することになるのです。

多くの男子は、彼氏の悪口に同調するので、彼氏の肩を持つことをするだけで、大変な差別化になります。このことを、「客観視会話」といいます。つまり、相手の話に自分を入れて聞くのではなく、外側から客観的に聞くので、この名があります。

相手に交際している相手がいない場合には

では、もしも相手の子に、彼氏がいない場合は、どうすればよいのでしょうか？

この場合こそ、誠実系ナンパの方々は、自分が彼氏になりたい的な言動をしてしまいそうです。しかし、実はそれも地雷になることが多いです。

彼氏がいないからといって、自分と付き合おう的な言動は、かえって自分の立ち位置を下げます。相手に媚びた言動と取られてしまいます。特に可愛い子の場合は、口説かれてばかりなので、そんな言動をしたら最後、一挙に雑魚扱いをしてきます。

では、どうしたらよいかというと、ズバリ、「どうしたら（自分以外の）素敵な彼氏ができるか一緒に考える」です。決して自分を入れるのではなく、あくまで客観的に、彼氏ができる方法を考えます。これこそが、他の男子と差別化できる言動なのです。

相手からの異性質問への対処とは

さらに、相手の女子に、「彼女さんはいますか？」とか「結婚されてますか？」などと聞かれたときはどうすればよいでしょうか？

それは、正直に答えるのが正解です。ここが誠実系ナンパとは正反対のところでしょう。交際している人がいない場合は、正直に答えるのは簡単ですが、問題は、交際相手がいたり、結婚している場合です。

誠実系ナンパをしている方々は、よく、彼女や奥さんがいることを隠します。これは、色恋を入れていくので、当然の戦略かもしれません。しかし、これをやってしまうと、後々、トラブルのもとになります。特に、既婚者が結婚していることを隠すと、離婚の原因になります。

非誠実系ナンパでは、そうではなく、正直に交際相手がいることや、既婚であることを伝えます。伝えてしまうと、相手に切られてしまうと考える人が多いです。たしかにそういう場合も皆無とは言いませんが、私の感覚だと、8割以上は伝えてもお持ち帰りができます。むしろ相手の伝えることによって、結婚願望の強い女子を排除する効果もあるので、ぜひ正直に伝えていきたいものです。

40代、50代のおっさんは、モテる男性ならば、結婚しているのが普通です。だから、既婚であることを伝えても、たいていの女性は驚くことはありません。むしろ、安心するくらいです。

逆に、40代、50代で、未婚だというほうが、かえって性格的に問題がある人ではないかと思われたりもします。

5　焦燥感切りとホテルクロージング

「焦燥感切り」とは

対峙会話が60分経過する頃、いよいよ非誠実系ナンパの強力なテクニックがさく裂します。

この頃の女子は、相手の男子に、他人にはあまり話さない「深い会話」をしています。いったん話し出すときりがないように、堰を切ったように話してきます。対峙会話が60分経過したあたりは、その会話の真っ最中であり、もっともっと話したい気持ちが出てきている場面です。

そのまさに話している最中に、「出ようか」と言って、店を出るのです。

このテクニックを、「焦燥感切り」といいます。退店を宣言したときに、相手の女子が、焦ったような表情をするので、この名が付きました。

女子の側から見ると、まさか自分が気持ちよく話している最中に会話を切って退店されるとは思っていません。相手の男子は、きっと、自分の深い話を全部聞いてくれるだろうと思っています。

だからこそ、予想外の展開に焦るのです。

このときの女子の心境は、まさに軽いパニック状態になります。「なぜ相手の男子は、自分の話の途中で退店を宣言したのだろう？　もしかしたら、自分が何か気に障ることを言ってしまったのかもしれない」と自分が会話でミスしたのかもしれないと思うようになります。

いずれにせよ、女子はこのような展開に大きく動揺します。この動揺を起こさせることが、焦燥感切りの目的なのです。

焦燥感切りからホテルクロージングへの流れ

こうして、話の途中で退店を宣言したのち、会計を済ませて退店します。このとき、店を出た瞬間に、相手に手を差し出し、手を繋ぐことを促します。これが、「ハンドテスト」です。

このハンドテストは、相手と距離を縮めるためにするのではありません。むしろ、答え合わせです。対峙会話と焦燥感切りがうまくいっていれば、たいていは手を繋いでくるのです。

ただ、対峙会話がうまくいっていても、繋いでこない場合があります。それは、相手の子が「有名人」の場合です。街中を、知らない男子と手を繋いで歩いているところを、見られたくないのです。このような場合は、無理に繋ごうとせず、そのまま歩いていきます。

こうして、手を繋いできた子と一緒に、街を歩いていきます。そして向かう先は、ホテルです。ホテル前では、ユニークな言葉で誘導します。例えば、立ち並ぶホテルを指して、「お化けが出るほうと出ないほう、どっちがいい？」などと打診します。たいていの女子は、「出ないほう」と答えてきます。そしたら出ないほうのホテルに入ってしまえばよいのです。

お持ち帰りをしたあとは、どのような展開になるでしょうか？

非誠実系ナンパでは、色恋を入れてないので、正式に交際する必要はありません。今後会っていく場合は、いわゆる、「セフレ」として続けていけばよいことになります。このような位置づけだと、別に1人だけと付き合うのではなく、複数と付き合っていくことができます。非誠実系ナンパは、複数の子と同時進行で付き合うことに最適な方法です。

お持ち帰りした子をセフレ化するには

今後も会いたい場合は、ホテルの中で、できるだけ、一緒にいる時間を多くしましょう。可能であれば、泊まることもおすすめです。さらに、身体の相性がよいことも伝えておくとよいかと思います。

私は、以前、非誠実系ナンパでお持ち帰りした子を、次々とセフレ化しました。その当時は、セフレがたくさんいることがナンパ師としてのステイタスだと思っていたため、とにかくたくさんの子をセフレ化していきました。一時期は、15人ものセフレを抱えていた時期があります。

しかし、そうした大量セフレを抱えた時期は、長続きしませんでした。結局、それぞれのセフレを管理することが大変だったのです。たくさん抱えれば抱えるほど、労力も時間もかかります。それはナンパで新規に女性をお持ち帰りすることに影響することは、わかりきっています。

こうして、私は、セフレをたくさん持つことに見切りをつけ、現在は、セフレを持たず、新規お持ち帰りすることに特化した活動をするようにしています。

もちろん、セフレ化ではなく、本当に理想の子であれば、彼女化したり、あるいは結婚するのもよいかと思います。そんな場合でも、まずはセフレ化をすることをおすすめします。何人かセフレを抱えておいて、その中で自分の一番好みの子を彼女にすればよいかと思います。

ナンパでのキャラぶれは致命傷になる

例えば、街で声をかけて、カフェに連れ出したとしましょう。対峙会話までは順当であったとしても、ホテル前に来ると、相手からグダが来ることは普通にあります。例えば、「私たち、まだ会ったばかりだから、当日にホテルに行くのはちょっと……」というような内容です。ここで、あなたならどうしますか？　例えば、「君が素敵だと思ったので、決して遊びではないから」というような返答をしてしまうと、一挙に相手の気持ちが冷め、クロージングできなくなることが起こります。それまで、弄ったりふざけたりするキャラだったのが、急に誠実系になってしまった。このキャラのぶれが致命傷となるのです。

ナンパでは、終始一貫したキャラで接することが大切です。ホテル前でグダが来ても、真に受けず、「俺のほうこそ人見知りだから足がガクガク震えている」くらいに切り返せばよいのです。なんとかしてクロージングしたいと思う気持ちから、キャラぶれを起こさないように気をつけましょう。

第7章　コロナ禍でのナンパについて

1 コロナ禍でのおっさんナンパ塾の現状

2020年、新型コロナウィルスが上陸

2020年、中国武漢から端を発した新型コロナウィルスは、瞬く間に世界中に広がり、多くの感染者と死者を出しました。2021年1月現在、その勢いは衰えるところを知らず、感染は拡大し続けています。

日本は、欧米等に比較すれば、極めて感染者は少ないものの、医療崩壊が叫ばれる中、数多くの自粛政策が行われ、特に2020年4月5月には、「緊急事態宣言」が発令され、東京の大都会でも通行人が消えるという現象が起きました。

ここで様々な方からお問い合わせをいただく質問は、「コロナ禍でもナンパはできるのか？」という内容です。今回は、コロナ禍でのナンパということで、紙面を割いてお答えさせていただこうと思います。

コロナの影響を全く受けていない塾生の実績

まず、単刀直入に申し上げますが、当おっさんナンパ塾では、コロナ禍での影響は受けていません。というよりも、むしろ、コロナ前よりも成果が出ている状況です。この結果は、大方の予想を

覆すものでした。この私ですら、コロナ禍でのナンパは、もしかしたら厳しくなるのではないか？と予想していたからです。でも、実際は、杞憂に終わりました。成果が出なくなるどころか、成果がコロナ前よりも増えたというのが事実です。

ナンパをしているおっさん塾生にとっては、うれしい悲鳴だったと思います。さすがに緊急事態宣言が出された２０２０年4月5月は、ほとんど成果なし（私自身は、この間3ゲットしましたが）でしたが、宣言が明けると、再び成果が出始めました。年末に向けて成果は伸びてゆき、ついに２０２０年12月は、たった1ヵ月でなんと7ゲットも達成と、開塾以来、最多ゲットとなったのです。

当おっさんナンパ塾の、塾生LINEグループでは、連日の成果ラッシュに沸きました。世の中のコロナによる、外出・飲食自粛とは裏腹に、驚くような成果が次々と報告されたのです。もちろん、お持ち帰りした女性は、20代女子が中心です。コロナ禍でも、40代・50代おっさんたちは、20歳から30歳も歳下の子を、次々とナンパでお持ち帰りをしていたのです。

2　コロナ禍で街へ繰り出す子はお持ち帰りされやすい

コロナ禍でストレスを抱える若い女子

コロナ禍では、外出を控え、自宅で過ごすように言われます。特に、緊急事態宣言のときなどは、街から人が消えるほどの状態でした。緊急事態宣言が解除された後も、コロナ前とは大きく違った状況があります。

解除されたとはいっても、コロナ前の状態には戻ることはありませんでした。会社はテレワークが推奨され、大学の授業もオンラインが主体になりました。それまで外出が当たり前だった人の多くが、自宅での生活スタイルへと移行していったのでした。

しかし、自宅での生活は、裏を返せば、人と会わない生活です。テレビ電話での通話とはいっても、実際に会って話すことに比較すれば、比べ物にならないくらいのレベルです。人と会わない生活を続けていると、知らず知らずのうちに、ストレスが溜まってきます。

特に、今まで外出することが多かった人は、この自宅スタイルでの生活に、大きなストレスを感じます。そして、ついには、外出するようになるのです。

ストレス発散で街に出てきた女子は狙い目

日頃から自宅でストレスを溜めていた女子が街に出てくる動機は、まさに、ストレス発散です。しかも、人と会わない生活を強いられていますから、人と会って話したい欲求が頂点に達しています。もちろん、異性との出会いも制限されていますから、異性と話したい欲求が極めて大きくなった状態で街に出てきます。

ただ、異性と話したいと思っていても、女子はなかなか自分から異性に話しかけることができないものです。男女の出会いの場では、最初に話しかけるきっかけは、女子ではなく、男子が行う。

これは、暗黙の了解といってもよいかもしれません。つまり、せっかく異性と話したい欲求を持って街に出てきたのはよいものの、自分から異性に話しかけることはできません。

そのときです、街で異性の誰かが話しかけてきたとしましょう。本来であれば、無視して終わりにするような場面であっても、このときは女子も思わず口をきいてしまうことが起こってくるのです。

東京のような大都会では、ナンパをしていても、多くの若い女子は、無視をする子が多いです。しかし、コロナ禍では、コロナ前よりも、無視をする子が少なくなった印象を受けます。

これは、先程も申し上げたとおり、家で引きこもっている子は相変わらずいる一方で、街に出てくる子は、何らかの出会いを求めて出てくる子が多くなっていることを意味します。誰かと話したい子が、街に出てくるようになった。これはよい意味で、ナンパに向いている子がフィルタリングされている状態だと言えるのです。

実際にコロナ禍でナンパをしていると、特に連れ出した後の感じが、コロナ前とは違います。はっきりとはわからないのですが、妙に警戒心が薄いのです。本来ならば、ホテルに持っていく過程で苦労するはずなのですが、意外にあっさりと持っていけるのです。

これは、街に出てくる女子たちが、潜在的に、出会いを求めており、異性と話したい欲求が、今まで以上に強くなっているからだと思うのです。

3　コロナ禍で安定さを求める女子

コロナ禍で生活基盤を失う若い女子

コロナ禍は、経済に大変なダメージを与えました。会社では、給料が下がる、あるいはボーナスがカットされる。今まで当たり前だと思っていた待遇が、音を立てて崩れたのが２０２０年です。さらに、女子大生はアルバイトで収入を得ていますが、特に飲食業などは大損害を受け、正社員の雇用を守るために、大学生などのアルバイトから解雇するという事態が全国で発生しました。

実際、コロナ禍の中、私は多くの女子大生や若い社会人をナンパしていますが、その多くが、給料が下がった、あるいはバイトを首になったという経験をしていました。

このように、生活の基盤が崩れるというのは、女子にとって、大変な不安を与えます。もともと女子は、生活の基盤がそのまま精神的な基盤とつながっているので、生活の不安定さはもろにメンタルに影響を及ぼします。

生活基盤を失った若い女子が望むものは

こうした緊急事態では、女子の精神的基盤が崩れ、何とかその事態から逃れようとします。

２０２０年は、パパ活市場に若い子が大量に流れてきたと言われていますが、まさにコロナ禍での影響だと言えます。精神的な基盤を失った女子は、どんなものを求めるのでしょう？　言わずと知れて、「安定感」です。

不安的になればなるほど、人間は安定感を求めます。若い女子は、この傾向がさらに顕著になります。こうして、若い女子は、異性に、カッコよさや若さよりも、安定感を求めるようになるのです。

安定感を持った異性といえば、もちろん、おっさんです。40代・50代のおっさん世代は、経済的に安定しているのはもちろんのこと、精神的にも安定感を持っています。不安定な時代になればなるほど、この安定感に惹かれる若い女子が増えてくるのです。

コロナ禍だからこそ歳上男性に安定感を求める

先日、私がナンパしてお持ち帰りした女子大生も、同年代の彼氏と別れていました。彼女はアルバイトの収入が激減し、生活の基盤が不安定になっていました。

しかし、同年代の彼氏は、自分のことで精一杯であり、彼女の不安定な心を支えてやる余裕はありません。こうして、２人の間に喧嘩が絶えなくなり、別れてしまったということでした。

安定した時代であれば、こうした事態は起こらなかったかもしれません。不安定な時代がこのような破局を招きました。そして、路上でおっさんである私にナンパされ、お持ち帰りされたのです。

彼女と話しているときに感じたのは、時代の不安定さからくる精神的な不安定さ。そして安定した精神を持っている人を求める気持ちです。自分の不安定な気持ちを受け止めてくれる人がほしい。

そう強く願っているのがよくわかりました。

同年代の異性では、それはなかなか難しい。それで、私のような歳の離れた異性なら、心おきなく支えを求めることができるのだということもわかってきました。

4　コロナ禍ではおっさんは引く手あまた

普段の生活では歳上男性と出会いがない若い女子

若い女子たちは、生活の基盤を失って、精神的にも不安定になり、安定した異性を求めている。それは、歳上の男性であることは明らかです。できれば、そうした男性に、思い切り甘えて支えてもらいたい。潜在的にそう思っている若い女子は数多くいます。

しかし、若い女子を取り巻く現状は、その希望を簡単に満たすことができる環境ではありません。例えば、女子大生であれば、大学で出会う異性はみな同世代です。歳上男性との出会いはありません。アルバイト先での出会いも期待されますが、アルバイト先での歳上男性は、既婚者の場合も多く難しい面があります。だからといって、流行りの「パパ活」に手を出すのは抵抗があります。

もちろん、若い社会人でも同様です。会社の同僚は同世代ですし、頼りになる上司は既婚者の場合が多いです。たとえ未婚であったとしても、会社というしがらみがあるので、簡単に行動には移せない面があります。

おっさんナンパは歳上好き女子に出会いを提供する

こうして、歳上男性との出会いを求めていても、なかなかそれが叶えられない。それが、コロナ禍での若い女子の現実なのです。その現状で、我々おっさんがナンパをしたらどうなるだろうか？もう、これは言うまでもありませんね。

おっさんナンパは、こうした潜在的に歳上男性を求める女子たちのニーズに応える活動だともいえます。若い女子たちは、歳上男性との出会いに飢えているのです。しかし、自分からは声をかけられない。だから、我々おっさんナンパ師が声をかけることに意義があるのです。この理にかなった状況、おわかりになりましたでしょうか？

今や、コロナ禍でのおっさんは、若い女子から引く手あまたなのです。潜在的なニーズは上がる一方です。これは、コロナ自粛という制限がかかればかかるほど、強くなる。「コロナだからナンパができない」という発想が、いかにもったいないか、わかると思います。

「おっさんは、コロナ禍でこそ、ナンパをせよ」これが、まさに格言ともいえる時期なのです。

5　コロナ禍でのナンパ方法

コロナ禍で街を歩く女子の様子はどう変わったか？

さて、実際にコロナ禍でのナンパはどのようにしたらよいでしょうか？

街を歩いている子たちは、そのほとんどはマスクをしています。ナンパする側としては、このマスクがネックになることがあります。一番は、相手の顔がよく見えないということですね。そもそも、マスクが自分の顔を隠すためにする人もいるくらいなので、マスクの顔隠し効果はかなり高いです。

実際ナンパをしていると、連れ出した子がカフェの中でマスクを外したとき、想像していたのとは違う顔だったということも起こります。20代だと思って連れ出したら、実際は30代・40代だったということも起こります。ただ、こうした事例をなくすことはほぼ不可能です。マスクに隠れた顔を予想することに神経質になることは、あまりおすすめしません。

むしろ、いったん連れ出しておいて、予想と違ったときは、潔く諦めるくらいがよいと思います。予想と実際が違っていても、むしろ、顔当てゲームに外れたくらいに考えて、そのプロセスを楽しむくらいがよいかと思います。

コロナ禍ではマスク着用がよいのか？

あと、よくいただく質問に、「コロナ禍では、マスクをしてナンパしたらよいのか？」という内容があります。確かに、街じゅうの人たちがマスクをしているのに、自分だけがマスクを外してナンパするのは、抵抗があるという人もいるかと思います。コロナ禍でマスクなしでナンパしていると、「どうしてマスク着けないいんですか？」のような注意をされることもあります。

ナンパでのマスク着用については、はっきりとした正解はありません。本来は、マスクを着用したほうがよいのかもしれませんが、マスクはもともと、顔を隠す効果があるので、マスクを着けてナンパしていると、自分の顔を晒さないまま声かけをすることになり、かえって不審者のように相手に映ることにもなります。

ナンパでは、自己開示という要素が欠かせません。自己開示という点においては、マスクを外してやったほうが効果的ということはあるかと思います。

実際、私もマスク着用と外した場合とで試してみましたが、マスクを外したほうが、やや反応は取りやすいかと感じました。

コロナ禍でも圧倒的に有利な「非誠実系ナンパ」

さらに、私がやっている、「非誠実系ナンパ」は、コロナ禍では極めて有利です。その理由は、「相手と接触する必要がない」ということです。普通、女子と距離を縮めるには、物理的な距離も縮めていく必要があります。

例えば、個室に入って、相手の女子にスキンシップをすることが必要になるのです。しかし、コロナ禍では、相手に接触したり、キスなどでマスクを外すのを嫌がる子もでてきます。スキンシップに頼る方法でナンパをしている場合は、こうした場面でスキンシップを拒まれ、そこから先に進めなくなり、お持ち帰りを逃すことも発生します。

しかし、非誠実系ナンパではどうでしょう?

非誠実系ナンパは、そもそも相手との接触を避ける方法です。連れ出し先は、カフェで、しかも対面席。これなら、物理的に近づくのを嫌がる女子でも抵抗がありません。会話だけでお持ち帰りができるので、相手がマスクをしていても大丈夫なのです。

さらに、コロナ禍では非誠実系ナンパが圧倒的に有利な要素があります。それは、「ノンアルコール」であるということです。コロナ禍では、店が営業していても、時短営業になっており、例えば東京では飲食店でも20時までの営業になってしまっています。これでは、居酒屋やバーでアルコールを入れながら会話をしていくことは、極めて難しくなります。

実は、コロナ禍で、ナンパ師の数が激減したのは、このあたりに理由があります。多くのナンパ師は、誠実系ナンパを行っており、これがアルコールを入れていくナンパなのです。むしろ、誠実系ナンパではアルコールの力を借りて落とすことが主体であり、肝心のアルコールがなければ、その時点で成果は期待できません。このため、コロナ禍では多くのナンパ師たちが撤退していったのだと思います。

一方、非誠実系ナンパは、カフェでの会話なので、アルコールを一切使いません。時間帯も、昼間で十分に成果が出ます(実際、私の実際のナンパでのお持ち帰りは昼間が多いです)。このように、非誠実系ナンパは、コロナ禍でもっとも強いナンパだということができます。

非誠実系ナンパが、コロナ禍でいかに威力を発揮するか、おわかりになったかと思います。

第8章　ナンパ塾の選び方

1　世の中にあふれるナンパ塾・ナンパ講習・ナンパ教材

世の中にあふれかえるナンパ教材やナンパ塾

以前と比べると、世の中には、ナンパの教材や講習、塾がたくさんあります。当塾を訪れる方にも、巷のナンパ講習やナンパ教材をやってみたが成果が出ず、入塾された方も多いのが現状です。ナンパに関しては、あまり書籍が出ていないので、情報商材等で仕入れたり、あるいは、ブログ・YouTubeなどで情報を得ている方もいます。

これらの教材を見ていて思うのは、まさに玉石混交。現在は、あまりに情報の量が多すぎ、どの情報が確かなのか、あるいは自分に合っているのかを判断することが難しくなってきていることです。

選択肢がなければ、それをやるまでですが、現在は選択肢が多すぎて、どれがよいのかわからないまま教材を買ってしまう場面も多くなっているように思います。

ナンパ塾や講習についても同様です。様々な方が様々な塾や講習をやっている。いったいどれを受ければ自分に成果が出せるようになるのか、よくわからない。こうした悩みを持っている方が、特に増えた印象があります。そこで、まず、教材や講習・塾について、私なりの意見を述べさせていただきます。

2　ナンパ教材について

ナンパ教材の特徴

まず、ナンパ教材ですが、種類が多すぎて、どれがよいのかわからないのが現状かと思います。私も、以前は、このナンパ教材を数多く購入しました。中にはよい教材もあったのは事実です。

しかし、どんなによい教材でも、それをやればナンパで成果が出るとは限りません。むしろ、どんなによい教材を買っても、成果が出るところまで上達させるのは難しいといえます。

そもそも、ナンパというのは、何かを買って、その通りにやれば成果が出るような、簡単なものではありません。その教材のようにナンパするには、自分はどこが足りないのかを、直接指摘してもらわなければ、いつまで経っても同じ課題が克服されぬまま残ることになり、上達しないことが起こります。

以前の私もそうでしたが、教材だけでナンパができるように思ってしまうのは、まだナンパを舐めているところがあると思います。

私も、人に直接アドバイスをいただけるようになって、それまでのナンパ教材で何とかなると思っていた自分の浅はかさに気がついたのでした。

3　ナンパ講習について

もっとも広く行われているナンパ講習

よく、1日から数日間のナンパ講習があります。私もこれに出た経験があります。ナンパ講習は、直接講師の方に教えてもらうことができるのが、最大の利点です。様々な場所で実施されており、地方で開催されることもあります。費用も安く、受講しやすいのが特徴です。あとは、講習に来ている人と仲間になれるのも大きいかと思います。

当塾にも、今までナンパ講習をいくつも受けてきたという方もいらっしゃいます。どこかでナンパ講習を開催すると聞けば、どんどん申し込む。こうして、いくつもの講習に顔を出しているようです。ただ、こうした講習を受けてきた人も、成果を出されている方は、ほとんどいないのが私の印象です。

ナンパ講習は路上講習が主体

ナンパ講習は、基本的には、路上講習です。もちろん、座学のある講習もありますが、座学もあくまで路上講習の前置き的な位置づけで行われている場合が多く、やはり路上中心であることは変わりません。

ナンパといえば路上講習と考えている人も多く、路上こそがナンパ上達に必須の内容であると信じている人も少なくありません。このような価値観を持った方は、先程のように、路上講習ばかりいくつも受け、結局成果が出ない状態から抜け出せない人も多いです。

実は、それには大きな原因があります。

ナンパ路上講習の落とし穴

この路上講習ですが、確かに、路上で声をかけるまでの練習には最適かと思います。地蔵脱出、立ち位置、発声、声かけのセリフなど、まさに声をかけるまでの部分の習得に特化した内容になっています。私もこれを何度も受けていたので、その部分にはかなりの自信がついたのは確かです。でも、全然成果が出なかったのです。

ナンパ講習では成果が出ない理由は、ズバリ、「連れ出した後の内容がない」ことです。ほとんどのナンパ講習は、声をかけてから、連れ出すまでのプロセスにはかなりの内容を含んでいます。この部分を強化したいのなら、講習もよいかと思います。

しかし、ナンパでの成果は、連れ出しで終わりではありません。ナンパでの成果は、ゲット、つまりお持ち帰りです。お持ち帰りができて、初めてナンパで成果が出たと言えるのです。

ナンパ講習は、その性質上、連れ出した後の内容を入れることはできません。連れ出した後は、カフェや居酒屋での対峙会話が待っていますが、その部分を講習で賄うことは難しいからです。

ナンパでのお持ち帰りは、連れ出しもさることながら、連れ出してからホテルインまでの部分が極めて大切です。ナンパをしている人の多くが、連れ出してからホテルインまでの部分で挫折感を感じているのです。しかし、ナンパ講習では、この部分を強化することはできません。

というわけで、ナンパ講習にいくら積極的に参加しても、連れ出しまでの部分はスキルが上がるが、肝心のそれ以降についてのスキルが上がらず、結局成果が出ないことになるのです。

4 ナンパ塾について

ナンパ塾とは

ナンパ教材やナンパ講習に対して、ナンパ塾（ナンパコンサルという呼び方もあります）は、ナンパ講師から直接ナンパでの声かけからお持ち帰りまでの一連のプロセスを、習得できる場です。実際の指導は、グループやマンツーでの形態をとっており、かなり手取り足取り教えてもらえます。

きめ細かい指導が特徴で、教材と指導がセットになっている場合がほとんどです。きめ細かい指導なので、それなりに金額は高額になります。ただ、何か資格を取ろうと学校や塾に通えば、やはり授業料は高額になるので、ナンパスキルを学ぶ塾・学校と思えば、納得がいきます。

世の中は、様々なナンパ塾やコンサルがあり、内容も様々です。当塾にも、以前、他の塾やコンサルを受けていた方がいます。そのような方から、様々な塾の存在がわかり、参考になります。

ただ、私がこうした他の塾やコンサルから当塾に入った方を観察すると、世の中の塾やコンサルは、実に様々であり、中には成果が出ない内容を平気で教えているケースもあるのが実態です。

特に、おっさんにとって、ナンパはハードルが高いものであり、おっさんがナンパ塾を選ぶ際に、どんなポイントに気を付けて選べばよいのかを解説することにしました。

「誠実系ナンパ塾」はおっさんには不向き

まず、おっさんには成果の出ない方法を教えている塾です。これは「誠実系ナンパ」を教えている塾です。誠実系ナンパは、本書で何度も申し上げているとおり、若い人やイケメンであれば成果が出ますが、スペックの低いおっさんには成果は出ません。気持ち悪いと思われてしまいます。

誠実系ナンパは、世の中の約８割を占めており、ナンパ塾というと、誠実系ナンパ塾のことを指す場合も多いです。ただ、このようなナンパ塾に、おっさんが入ってしまった場合、成果が出ることはまず期待できません。

私が以前在籍した、ＲＫ塾も、誠実系ナンパだったので、スペックの低いおっさんである私は、全く成果が出ませんでした。さらに、既婚者ナンパ師の離婚が続出したのは、述べたとおりです。

あと、マジックやら催眠やらとセットにして教えている塾もあるそうです。このような小手先で何とかしようとする方法は、全くと言ってよいほど、成果が出ません。何やら怪しいマジックを教えてもらったはよいが、実際のナンパでは全く役に立たなかったというのが本当のところです。

「若いナンパ講師」が教えている塾は再現性がない

さらに、若い講師やイケメンの講師が教えている塾やコンサルがあります。このような塾で教えている内容は、たいてい、その講師のスペックによって成果が出ている場合が多いです。

つまり、その講師と同じくらいのスペックの人間が行えば成果が出るかもしれませんが、私のような、低スペックのおっさんがやったところで、まず成果は出ません。

このような方法を教えている講師は、私からすると、あまり聡明でない場合が多いです。自分の教えている方法が、自分のスペックの高さゆえに成果が出ているのであり、再現性に乏しいことに気がついていないのです。

教育や学問の世界では、再現性こそが大事であり、再現性のない方法を教えていること自体、指導の体をなしていません。

今まで、学問にあまり触れてこなかった講師が教えている場合が多く、自分を客観的にみることができないケースが多く見受けられます。

「教えるスキルがない講師」に教えてもらう不幸

あと、教えている内容はよいのだが、講師自身に教える能力がないので、塾生が身につきにくいという塾やコンサルがあります。私の周りにも、この種の塾は多く、講師自身は実力があり、内容もよいにも関わらず、塾生がなかなか成果が出ない塾は、たいていこのケースです。

そもそも、ナンパの腕がよいのと、ナンパを教えるのが上手いのとでは、次元が違う話です。「名選手、必ずしも名監督ならず」という言葉がありますが、まさにそのとおりです。

名選手になるには、ナンパの才能さえあれば、誰でも到達することができます。しかし、講師は違います。自分が今行っている方法を客観的に分析し、体系化し、初心者にもわかりやすいようにかみ砕く必要があります。この能力は、ナンパで成果を出す能力とは全く別の能力です。

ナンパ講師の中には、今まで人にものを教えた経験がろくにないまま、いきなりナンパ講師になる方も少なくありません。たしかに実力的には講師になってもよいと思うかもしれませんが。いざ講師になると、自分のやり方を人に押し付けてしまったり、初心者の気持ちに寄り添えなかったりするため、うまく指導ができないケースが目立ちます。

ナンパ講師の価値観が感染する不幸

さらに、問題なのは、私が以前在籍し、近年、塾長以下、塾生数人が逮捕されたR塾のようなケースです。この塾は、確かに成果は出ており、そのため、塾生を多数抱えるほどの人気のある塾だったのですが、問題は、塾長の人間性です。

この塾長はナンパの腕は凄腕だったのですが、肝心の人間性に問題があったのです。女性を泥酔させて判断能力を失わせておいて、お持ち帰りするといった強姦を日常的に行っていたのです。

このように、ナンパの腕が凄いからといって、その塾にどっぷり入ってしまうと、知らず知らずのうちに、塾長の価値観がインプットされてしまいます。ナンパ塾は、あくまでテクニックを学ぶ場所であり、塾長とは距離を置いてやっている方もいるでしょうが、現実はそう甘くありません。

その塾に入っているだけで、塾長の価値観が知らず知らずのうちに、自分にも影響を与えてしまうのです。一種の洗脳ですが、師弟関係というのは、こうした洗脳が簡単に起こりやすいので、気を付けなければなりません。

ナンパ塾やコンサルを受ける場合は、その塾長が、どんな価値観を持った人間であるか、調べておく必要があります。

「有名ナンパ講師」の落とし穴

あと、これも、実際に私が在籍した塾になりますが、塾長が本を書いたり、メディアに出ていたりしている、いわゆる、「有名人」がやっている塾です。塾長が有名人であるので、こうした塾には、多くの希望者が訪れます。知名度があるので、そうした知名度がある塾長に指導を受けられるだけで光栄であると考える人もいます。事実、私もその1人でした。

当時、私が入っていたナンパ塾は、塾長がベストセラーとなったナンパ本を書き、一挙に世の中の有名人になった方でした。このような方に指導を受けられるだけで幸せだと思ったものです。

しかし、実際の塾はお粗末な内容でした。この塾は講師の知名度だけで生徒を集めていたのです。こうしたケースもあるので、知名度のある塾やコンサルは気をつけたほうがよいかと思います。

第9章　おっさんナンパ塾生の様子

1　58歳で入塾し20代巨乳美女をお持ち帰り&セフレ化したMASAさん

58歳の歴代最高齢で入塾

MASA（仮名）さんは、58歳のとき、当ナンパ塾に入塾されました。

最初にお会いしたのは、無料コンサルのときでした。「ナンパをもう10年以上やっているが、なかなか成果が出ず、苦しんでいる」という内容でした。話を聞くと、彼の在籍していたナンパ塾は、F塾という典型的な誠実系ナンパ塾でした。ナンパでは色恋を入れてやっており、しかもなかなか即ゲットができないという悩みでした。

誠実系ナンパは、色恋を入れながら、即ゲットではなく、日を改めてゲットを狙います。誠実系ナンパは若い人がやれば成果が出ますが、おっさんがやると、色恋を入れてくることに対し、相手が気持ち悪いと思ってしまい、成果が出ません。

彼は、当塾で行っている、非誠実系ナンパという方法に興味を持ったようでした。そして、現在の状況を打開するためには、この方法を取り入れるしかないと、思ったようです。

こうして、MASAさんは、当塾に入塾されました。講師である私よりも歳上である塾生は、彼1人であり、当然ながら、塾内最高齢でした。

MASAさんは、最初こそ、誠実系ナンパとは逆の方法に戸惑っていたようですが、すぐに本質を理解し、いかに今までの誠実系ナンパが成果が出ない方法であったのかを理解しました。そして、内容をインプットし、非誠実系ナンパの方法で、声かけを実施していきました。

最初は、慣れるまでなかなかうまくいきませんでしたが、入塾してから約2か月間、池袋に通いました。そして、その日はやってきました。

20代巨乳美女を非誠実系ナンパで即ゲット＆セフレ化！

ある日、彼は、池袋の地下街で、20代巨乳美女を連れ出します。顔も可愛いのですが、もっとも目に付くのは、その巨乳です。外見的には、彼の好みピッタリでした。今までの誠実系で彼がやっていたナンパであれば、和やかに話をして、LINE交換をし、後日会ってからお持ち帰りを狙うところでしょう。しかし、この日の彼は違っていました。

カフェの対面席で、巨乳美女の子との会話が始まると、彼女はそれまで来ていたアウターを脱ぎました。この瞬間、彼女の豊満な胸が目の前に晒される結果となりました。彼は、むくむくと湧き上がる欲望と闘うのが大変だったそうです。そんな悩ましい闘いをしながら、対峙会話をしました。

当塾のテキスト通り、相手と言い合い関係から、後半は深い会話を引き出していきました。連れ出してから、まだ40分ほどしか経っていない頃です。「店を出よう」と、彼はいきなり退店を宣言します。非誠実系ナンパでの「焦燥感切り」の発動です。このとき、彼女は、「え、もう出るの？」という表情をしました。焦燥感切りが決まった瞬間でした。

退店したのち、彼は、「ハンドテスト」を行います。見事に通りました。彼女と手を繋いだまま、池袋西口のホテル街を目指します。そして、ホテル前で打診し、見事、ホテルインを果たしました。20代巨乳美女の鮮やかな即ゲットの瞬間でした。

ホテル内では、彼女の若く豊満な身体を堪能しました。今まで誠実系ナンパの方法では、決してお持ち帰りできなかったハイレベルの子です。そして、別れ際、彼女はまた会いたいと言ってきました。以来、20代巨乳美女はMASAさんのセフレとなったのでした。この巨乳美女とは、現在も続いており、健全な大人の交際を行っているとのことでした。

2　40代既婚者で入塾し20代セフレ5人キープに成功したTAKAさん

家庭を大事にする既婚者ナンパ師

TAKA（仮名）さんは、現在40代。既婚者です。彼は、家庭を大変に大事にしている方です。もともと、ナンパをしていたのですが、その方法は色恋を入れた方法でした。

この方法だと、たとえお持ち帰りできたとしても、あとあとトラブルのもとになります。家庭を壊したくなかったTAKAさんは色恋を入れないナンパはないかと調べた結果、ついに、非誠実系ナンパにたどり着きました。

彼と面談したとき、現在の状況を聞きました。やはり、色恋を入れたナンパ方法に疑問を感じているようです。そして、割り切った関係を築けるナンパ方法を模索しているとのことでした。彼の家庭を思う気持ちと、ナンパに対する高い意識に感じいった私は、彼を入塾させることにしました。

今まで、ナンパコンサルをしてきたのですが、これだけの熱意を持って受けた人は、なかなかいません。そして、私からのフィードバックを忠実に実行しました。おっさんになると、他人の意見を聞かなくなる方が多いのですが、彼は極めて謙虚な態度でコンサルを受けていました。

21歳女子大生を鮮やかに即ゲット

そして、ナンパコンサルが始まってからの彼は、めきめきと頭角を現しました。

ある日、彼はコリドー街から新橋へ移動して声かけをしていました。ちょうどそのとき、コンビニから出てきた若い子に声をかけ、居酒屋に連れ出しました。彼女はまだ女子大生でした。アルバイトでキャバクラでも働いているようです。

遊びたい盛りの彼女は、これからタクシーで移動して、ゲイバーに行く予定でした。誠実系ナンパであれば、その予定を優先し、その日はLINE交換をして別れるところです。しかし、ＴＡＫＡさんは違っていました。即ゲットを狙っていたのです。

対峙会話で相手の感情を揺らしていきました。最初は、ゲイバーに行く途中、ちょっとだけ飲むというつもりだったようですが、彼女はいつしか、ゲイバーへ行くことを口にしなくなりました。

そして、頃合いを見計らって、ついに、店を出ます。非誠実系ナンパの焦燥感切りを繰り出しました。ハンドテストも成功し、これからホテルクロージングをするだけとなりました。

ラブホテルがない逆境をクリアして見事ホテルイン

そのとき、彼は気づいたのです。「新橋にはラブホテルがない」と。

実は、ナンパ師の間で、新橋はラブホテルがないので、即ゲットには向かない場所として有名でした。即ゲットするには、どうしても近くにラブホテルがある必要があります。それがないとなると、一挙に即日の可能性が遠くなってしまいます。

でも、彼は冷静でした。歩きながら、スマホでラブホテルを検索し、至近距離のラブホテルは、品川にあることがわかりました。そこから、彼はタクシーを拾って移動。ついに、品川のラブホテルにインすることに成功したのでした。

20代美女を次々とお持ち帰りセフレ5人キープにも成功！

ラブホテルがない場所から、タクシーを使ってお持ち帰りという、離れ業を成し遂げたＴＡＫＡさんは、この女子大生をセフレ化することに難なく成功しました。

ＴＡＫＡさんは、その後も次々と成果を出し、わずか1年の間に、20人もの若い女子をお持ち帰りしてしまったのです。抱える20代セフレも、5人を超えました。セフレも5人になると、それぞれへの管理が大変だと、嬉しい悲鳴を上げるＴＡＫＡさんです。

いずれも色恋が入ってないので、トラブルになることはありません。家庭を大事にしながら、若いセフレを何人も持つという彼の目標は、見事に達成されたのでした。

3　56歳ナンパ未経験で入塾し20代美女を初ゲット&即ゲットしたロニーさん

56歳ナンパ未経験で入塾

ロニー（仮名）さんは、56歳でナンパ未経験です。彼は、バツイチで、既に離婚から10年が経過していました。以来、新たな出会いを探して活動していましたが、なかなかうまくいきません。そして、彼も、私と同じように、若い子が好きなのでした。

若い子が好きな彼は、自分の生活圏内で出会った若い子へアプローチを試みます。しかし、色恋が入ったこのアプローチは、相手に気持ち悪がられてしまい、あえなく玉砕してしまいました。以降、彼は、どうしたら若い子が落とせるようになるのか、悶々としていたのでした。

彼と面談させていただき、若い子に対しては、色恋を入れた方法が間違っていて、色恋の入れない非誠実系ナンパという方法があることを伝えました。その内容に魅力を感じた彼は、56歳ナンパ未経験の状態で入塾することになりました。

ナンパ初心者向けの当塾オリジナル「弱誠実系ナンパ」を習得

ナンパというものを体験していない彼は、果たして56歳という年齢でできるのかと、かなり不安に思ったようでした。しかも、お住まいが都内ではなく、東京から2時間以上もかかる場所に住んでいました。こうした不安要素を抱えながらも、彼は、ナンパを始めることになったのでした。

現在、当塾では、ナンパ未経験者に対しては、非誠実系ナンパを初心者向けにアレンジした、当塾オリジナルの「弱誠実系ナンパ」を教えています。弱誠実系ナンパは、非誠実系ナンパと同じように、色恋は入れません。ただ、非誠実系ナンパと違って、「ギラつき」、つまりスキンシップを入れていきます。このほうが、ナンパ初心者には成果が出やすいのです。

ナンパ初心者向けにアレンジした、「弱誠実系ナンパ」のよいところは、テンプレートがあるところです。ナンパ初心者は、何をどうしたらよいのか、全くわからないことが多いです。そこで、弱誠実系ナンパでは、声かけから対峙会話、さらにギラつきの一部始終にわたって、詳細なテンプレートを用意しました。これが、初心者には大変わかりやすく、ナンパでお持ち帰りまでの流れがよく理解できたとの感想をいただけるようになりました。

ロニーさんは、入塾してから、この弱誠実系ナンパの教材をインプットしていきました。都内から遠く、なかなか上京できない状態の中、時間をつくって声かけもしていきました。そして、ついにその日はやってきました。

20代美女を鮮やかに初ゲット&即ゲット！

ロニーさんは、その日、新宿で他の塾生と一緒にナンパをしていました。当塾では、ナンパ初心者は互いに合流して、地蔵を防ぐように指導しています。一緒に合流していた相手が、夜遅いので、帰ることになりました。もう終電の時間が迫っていました。ロニーさんは既に、帰る手段をなくしていましたので、新宿に泊まるつもりでした。

同僚が帰った中、ロニーさんは、１人で新宿の街に立ち、声かけを始めました。この時間の新宿は閑散としていましたが、１００メートルほど先に、１人の若い女性を発見しました。すかさず彼は女性のもとへ行き、当塾の声かけテンプレートを使って声をかけました。

反応が返ってきました。さらに反応を拾って盛り上げ、ついに、連れ出すことに成功しました。この時間のカフェは既に閉店していたので、バーに連れ出しました。連れ出したのは、20代の清楚系美女でした。

弱誠実系ナンパの教材通り、そこからカラオケへと移動し、ギラつきを開始しました。ギラつきも、塾の教材の通りに遂行しました。そして、カラオケを出て、いよいよホテルに向かいました。ホテル前では、グダらしいグダも出ず、そのままホテルインに成功しました。

ロニーさんは、56歳ナンパ未経験から、約30歳も年齢差のある20代の清楚系美女を初ゲットしました。しかも、即ゲットです。56歳にして大変な快挙を成し遂げたのでした。

離婚から10年、若い子と付き合いたいがうまくいかず、ナンパ塾の門を叩きましたが、こうして20代の若い美女をお持ち帰りすることができました。彼の人生は、このお持ち帰りをきっかけに、着実に変わっていくと思います。

4　50代ナンパ未経験で入塾しわずか1年間で10ゲットしたヨッシーさん

50代既婚者ナンパ未経験で入塾

ヨッシー（仮名）さんは、50代。入塾したときは、ナンパを全く経験したことがなく、ナンパ未経験の状態で入ってきました。50代でナンパ未経験での入塾は、なかなかの勇気だと思います。彼も、この歳からナンパを始めて、本当に成果が出るのか、不安だったといいます。

彼は、既婚者であり、私と同じように若い子が好きでした。今までは同じ会社の子に手を出してしまい、トラブルになったこともあったそうです。やはり、同じ会社内だと、リスクが高いことを身に染みてわかったと言いました。そして、しがらみのない場所で若いセフレをつくりたいということで、ナンパを考えるようになったといいます。

50代でナンパ未経験は不安要素もあったようです。しかし、私がナンパを始めたのが48歳であり、そこから成果を出しまくっていることを告げました。彼はＮＬＰにも興味があったので、ぜひ挑戦してみたいと、当塾でナンパを始めることになりました。

ＮＬＰをやりながら「弱誠実系ナンパ」を習得

ヨッシーさんは、入塾後、まず、弱誠実系のナンパテンプレをインプットしていきました。このテンプレのインプットにしっかり時間をかけ、正確に再現できるようにしていきました。

また、当塾でナンパ向けにアレンジした、ＮＬＰも同時に学んでいきました。

最初はうまくいかなくて、試行錯誤だった彼も、だんだんと感覚をつかめるようになりました。

特にＮＬＰは、セルフイメージ向上に大変役に立ったと、コメントしています。そして、まず、出張先で、初ゲットを成し遂げたのでした。

これは地方で、自分が泊まっているホテルに、声かけした子を呼び寄せるという方法です。

入塾後たった1年間で10ゲット達成！

その後、ヨッシーさんは、都内でもゲットを重ね、19歳広末涼子似美女、21歳Ｓ級美女と、次々とお持ち帰りを達成していきました。

特に、教材である、「対峙会話の方法」、「ギラつきの方法」は、そのとおりに行えばお持ち帰りができるので、大変に重宝したようでした。ＮＬＰも意欲的に行い、どんどん自分を変えていきました。こうして、ナンパ未経験で入塾してからわずか1年間で、なんと10ゲットもしてしまったのです。

ナンパでお持ち帰りしたうちの何人かは今もセフレとしてキープしています。これからは、いよいよ非誠実系ナンパを習得し、Ｓ級美女を即ゲットできるように、さらに磨きをかけていきたいと、抱負を語ってくれました。

あとがき

48歳のときに、婚約者に振られ、人生終わったとふさぎ込んでから、数年。私の人生は、大きく変わりました。

人生で全くやったことのない、「ナンパ」に初挑戦し、地方から上京、いくつものナンパ塾を転々としてからついに、「非誠実系ナンパ」にたどり着きました。

非誠実系ナンパは、私のような低スペックのおっさんでも、20代の若い美女をお持ち帰ることができるという夢のような方法です。この方法に出会ってなかったら、未だに私の人生は、女に困ったままの状態であったでしょう。

その後、おっさんナンパ塾を開塾し、今は同じような悩みを抱えたおっさんたちに、若い女子をお持ち帰るナンパを教える立場になりました。

振り返れば、すべて人生のピンチが今の人生をつくってくれたといえます。よく、「ピンチがチャンス」という言葉がありますが、まさにそのとおりです。私は、大きなピンチがあったからこそ、今回の成功があったのです。

いま、おっさんで彼女がいなかったり、結婚できなかったり、うまく遊び相手が見つからなかったりという人は、大勢います。もしかしたら、あなたもそうかもしれません。でも、そうだとしたら、あなたは最高に幸運です。だって、この本に出会えたのですから。

本書は、あなたに、おっさんである年齢でも、若くて可愛い子と付き合える方法があることを伝えています。そしてそれは、再現性が高い。どんなおっさんでも、成果を得ることができます。

あとは、この方法を実践さえすれば、自然にあなたは若くて可愛い子と付き合うという未来を手に入れることができるのです。では、そのために必要なことは何でしょうか?

ズバリ、行動することです。本書を読んだだけでは、残念ながら、何も変わりません。ナンパという行動を起こしたときから、確実にあなたの人生は変わるのです。

でも、「ナンパをやってみたいけれども、まず、何から始めたらよいのかよくわからない」と思う人は多いかと思います。私も、まさにそうでした。

でしたら、まず、ナンパがどんなものか、そして非誠実系ナンパがどんなものか、調べてみてください。私は普段、YouTubeでの発信をしております。約200本の動画が用意してありますので、ぜひ、そちらをご覧ください。動画ですので、活字とはまた、違った情報をキャッチできるかと思います。

さらに、私は普段、無料メルマガでの配信も行っています。こちらでも、若い美女170人をお持ち帰りした人間が、こっそりと秘密の情報を読者にお届けしています。私のホームページやYouTube動画の詳細欄から登録できますので、こちらもご参考にしていただければと思います。

ナンパを始めたことを機に、人生が変わったとおっしゃる方は、大変多いです。ナンパはそれだけの影響力があります。それまで、街を歩いている女子を、ただの通行人としか見ていなかったが、ナンパをするようになってから、出会うべき女子と思えるようになった。出会いの場が爆発的に広がったというコメントを頂きます。

現在、塾で指導しているナンパは、ＮＬＰも同時進行で行っています。ナンパ塾でまさかＮＬＰが学べるとは思わなかったと、多くの塾生は驚きの色をみせます。そして、いかにＮＬＰが自分を変えることに役に立つかを実感してくれます。ナンパとＮＬＰの相性のよさは、この2つを同時に行ったときに実感するでしょう。

当ナンパ塾は、あなたの人生を変える手助けができるはずです。あなたと一緒に行動してくれる、暖かい仲間がいます。みな、40代・50代のおっさんばかりですが、20代の若い美女を手に入れるため、また、自分を変えるために日々研鑽を積んでいます。こうした環境に入れば、あなたも素敵な未来を手に入れることができるでしょう。

私は、あなたが勇気を出して未来への第一歩を踏み出すことを心からお待ちしております。

Waka塾のホームページ
https://waka77renai.com/

Waka塾のYouTubeチャンネル
https://www.youtube.com/channel/UC9oiJQJR3MpxFRzv6S5S8ig

Waka塾の無料メルマガ（登録者特典動画付き）
https://1lejend.com/stepmail/kd.php?no=lRnMqpczu

２０２１年１月

Waka

著者略歴

Waka（わか）

おっさんナンパ塾「Waka 塾」塾長　50 代後半（アラ還）。元予備校講師。東大大学院卒（脳科学専攻）。NLP 有資格者。
「ブサイク、背が低い、コミュ障」という 3 大非モテ要素を持ち女に縁のない青春時代を送る。
20 代の婚約者に振られたショックから立ち直るために 48 歳からナンパを始める。活動場所は主に渋谷。
現在、40 代 50 代おっさんが 20 代美女と付き合うためのナンパ塾として「Waka 塾」を運営。
40 代 50 代のおっさんが 20 代の若い美女と付き合えるナンパ塾として日本一の内容、成果を誇るナンパ塾になっている
さらに、心理学である NLP の手法を取り入れながら、自己啓発にも力を入れる。

おっさんの20代美女非誠実系ナンパ術

2021年 2 月18日　初版発行　2023年 7 月 6 日　第 7 刷発行

著　者　Waka　© Waka

発行人　森　　忠順

発行所　株式会社 セルバ出版
〒 113-0034
東京都文京区湯島 1 丁目 12 番 6 号 高関ビル 5 B
☎ 03（5812）1178　　FAX 03（5812）1188
http://www.seluba.co.jp/

発　売　株式会社 三省堂書店／創英社
〒 101-0051
東京都千代田区神田神保町 1 丁目 1 番地
☎ 03（3291）2295　　FAX 03（3292）7687

印刷・製本　株式会社丸井工文社

Printed in JAPAN
ISBN978-4-86367-639-8